Τώρα

Συντρίβοντας την Αναβολή και Καταπολεμώντας την Παραγωγικότητα

Dan Desmarques

22 Lions

Τώρα: Συντρίβοντας την Αναβολή και Καταπολεμώντας την Παραγωγικότητα

Γράφτηκε από τον Dan Desmarques

Ευρετήριο

Εισαγωγή   IX

1. Κεφάλαιο 1: Κατανόηση των αληθινών κινήτρων   1

2. Κεφάλαιο 2: Η δύναμη του σκοπού στην παρακίνηση   5

3. Κεφάλαιο 3: Δημιουργία ενός υποστηρικτικού περιβάλλοντος για διαρκή παρακίνηση   9

4. Κεφάλαιο 4: Ολιστικές στρατηγικές για την αύξηση της παραγωγικότητας   15

5. Κεφάλαιο 5: Αξιοποίηση της καθοδήγησης και της διαχείρισης του χρόνου για επιτυχία   21

6. Κεφάλαιο 6: Μετατρέποντας τις προθεσμίες σε ευκαιρίες   27

7. Κεφάλαιο 7: Χτίζοντας δυναμική για την επιτυχία   31

8. Κεφάλαιο 8: Αντιμετωπίζοντας και ξεπερνώντας την αντίσταση   37

9. Κεφάλαιο 9: Ξεπερνώντας το αυτοσαμποτάζ   43

10. Κεφάλαιο 10: Αντιμετωπίζοντας το κοινωνικό σαμποτάζ και τη γνωστική δυσαναλογία   47

11. Κεφάλαιο 11: Ψυχολογική προκατάληψη και η επίδρασή της στην κοινωνία 51

12. Κεφάλαιο 12: Αντιμετωπίζοντας το σύνδρομο του απατεώνα 55

13. Κεφάλαιο 13: Ξεπερνώντας την αυτοαμφισβήτηση μέσω της ενδοσκόπησης και της αποδοχής 59

14. Κεφάλαιο 14: Το πνευματικό νόημα της συγχώρεσης 65

15. Κεφάλαιο 15: Πνευματική εκπαίδευση και καρμικά μαθήματα 69

16. Κεφάλαιο 16: Καλλιεργώντας την αυτοπεποίθηση μέσω της ανεξαρτησίας 73

17. Κεφάλαιο 17: Συναισθηματική κυριαρχία και η επιδίωξη των ονείρων 77

18. Κεφάλαιο 18: Ξεπερνώντας το Εγώ και αποδεχόμενοι την αλήθεια 81

19. Κεφάλαιο 19: Ο Συμπαντικός Σκοπός 87

20. Κεφάλαιο 20: Κατακτώντας την τέχνη της παραγωγικότητας 91

21. Κεφάλαιο 21: Δέκα καθημερινές ερωτήσεις για παρακίνηση και πειθαρχία 97

22. Γλωσσάριο 101

23. Βιβλιογραφικές Αναφορές 105

24. Αίτημα αναθεώρησης βιβλίου 117

25. Σχετικά με τον συγγραφέα 119

26. Επίσης γραμμένο από τον συγγραφέα   121

27. Σχετικά με τον εκδότη   131

Εισαγωγή

Έχετε κουραστεί να αισθάνεστε κολλημένοι, καταβεβλημένοι και μη παραγωγικοί; Αναβάλλετε σημαντικές εργασίες μόνο και μόνο για να σας στοιχειώνουν οι επικείμενες προθεσμίες και οι ανεκπλήρωτοι στόχοι; Αν ναι, αυτό το βιβλίο είναι για εσάς.

Το βιβλίο «Τώρα: Συντρίβοντας την Αναβολή και Καταπολεμώντας την Παραγωγικότητα» πραγματεύεται την πολύπλοκη ψυχολογία της αναβλητικότητας και προσφέρει πρακτικές, επιστημονικά τεκμηριωμένες στρατηγικές για να σας βοηθήσει να την ξεπεράσετε. Είτε είστε φοιτητής που παλεύει να προλάβει τις εργασίες του, είτε επαγγελματίας που θέλει να διαπρέψει στην καριέρα του είτε κάποιος που απλώς θέλει να αξιοποιήσει καλύτερα τον χρόνο του, αυτό το βιβλίο θα σας δώσει τα εργαλεία που χρειάζεστε για να μεταμορφώσετε τη ζωή σας.

Το βιβλίο καταρρίπτει τους κοινούς μύθους σχετικά με την τεμπελιά και την αναβλητικότητα, αποκαλύπτοντας ότι αυτές οι ταμπέλες συχνά υπεραπλουστεύουν βαθύτερα ψυχολογικά ζητήματα που απαιτούν μια συμπονετική και ολιστική προσέγγιση. Κατανοώντας την αληθινή φύση των κινήτρων και ευθυγραμμίζοντας τις πράξεις σας με τις βαθύτερες αξίες και φιλοδοξίες σας, μπορείτε να ξεκλειδώσετε μια πηγή ενέργειας και ορμής που θα σας ωθήσει προς τους στόχους σας.

Καθ' όλη τη διάρκεια του βιβλίου, διερευνώνται οι βασικές αρχές της παρακίνησης, η δύναμη της διαμόρφωσης συνηθειών και η σημασία της δημιουργίας ενός υποστηρικτικού περιβάλλοντος. Προσφέρονται πρακτικές στρατηγικές για άμεση δράση, που σας βοηθούν να σπάσετε τον κύκλο της αναβλητικότητας και να επιτύχετε διαρκή επιτυχία. Είτε θέλετε να βελτιώσετε τις δεξιότητες διαχείρισης του χρόνου σας, να καλλιεργήσετε την αυτοπειθαρχία ή να αποκτήσετε μια βαθύτερη κατανόηση του εαυτού σας, αυτό το βιβλίο θα αποτελέσει τον οδικό χάρτη για μια πιο ικανοποιητική και παραγωγική ζωή.

Μάθετε να αποδέχεστε τις προκλήσεις, να ξεπερνάτε τις αμφιβολίες και να δημιουργείτε μια ζωή που αντανακλά τον αυθεντικό εαυτό σας. Μην αφήνετε την αναβλητικότητα να σας εμποδίζει να προχωρήσετε μπροστά. Κάντε το πρώτο βήμα προς ένα λαμπρότερο μέλλον σήμερα.

Κεφάλαιο 1: Κατανόηση των αληθινών κινήτρων

Σ την ταχέως εξελισσόμενη κοινωνία μας, οι όροι «τεμπέλης» και «αναβλητικός» χρησιμοποιούνται συχνά για να χαρακτηρίσουν μη παραγωγική συμπεριφορά. Ωστόσο, αυτοί οι χαρακτηρισμοί είναι επιφανειακοί και δεν αντιμετωπίζουν τα υποκείμενα ψυχολογικά προβλήματα. Υπεραπλουστεύουν πολύπλοκα ζητήματα που έχουν τις ρίζες τους στην παρανόηση των ανθρώπινων κινήτρων.

Σε αντίθεση με τη δημοφιλή πεποίθηση, τα κίνητρα δεν είναι ένας πεπερασμένος πόρος που πρέπει να αναπληρώνεται συνεχώς. Τα αληθινά και διαρκή κίνητρα προέρχονται από την ευθυγράμμιση των πράξεών μας με τις βαθύτερες αξίες και προσδοκίες μας. Όταν ασχολούμαστε με δραστηριότητες που συντονίζονται με τον αυθεντικό μας εαυτό, βρίσκουμε φυσικά την ενέργεια και την ορμή να επιμείνουμε, ακόμη και μπροστά στις προκλήσεις.

Δυστυχώς, πολλοί από εμάς έχουν μάθει να επιδιώκουν στόχους και δραστηριότητες που δεν ευθυγραμμίζονται με τον εσωτερικό μας εαυτό. Έχουμε μάθει να αναζητούμε εξωτερική επιβεβαίωση, να επιδιώκουμε τα κοινωνικά ιδεώδη της επιτυχίας και να συμμορφωνόμαστε με τις προσδοκίες των άλλων. Αυτή η αποσύνδεση μεταξύ των πράξεών μας και των πραγματικών μας επιθυμιών μπορεί να οδηγήσει σε μια βαθιά αίσθηση απογοήτευσης, απογοήτευσης και, τελικά, αναβλητικότητας.

Σε αυτό το πλαίσιο, ο όρος «τεμπέλης» είναι παραπλανητικός. Αντί να αντιπροσωπεύει ένα ελάττωμα του χαρακτήρα ή έλλειψη θέλησης, η αναβλητικότητα είναι συχνά ένας μηχανισμός αντιμετώπισης. Το μυαλό μας μας προστατεύει από το να αντιμετωπίσουμε τους περιορισμούς, τους φόβους και τις ανεκπλήρωτες ανάγκες μας, εμποδίζοντάς μας να φέρουμε εις πέρας εργασίες. Για να βγούμε από αυτόν τον κύκλο, πρέπει να εντοπίσουμε και να επιλύσουμε τα υποκείμενα προβλήματα. Αυτό μπορεί να περιλαμβάνει τη διερεύνηση παιδικών εμπειριών, εσωτερικευμένων πεποιθήσεων και προσδοκιών. Πρέπει επίσης να αντιμετωπίσουμε τους φόβους, τις ανασφάλειες και την αντίστασή μας στην αλλαγή. Μέσω της αυτογνωσίας, αποκτούμε μια βαθύτερη κατανόηση του εαυτού μας.

Ευθυγραμμίζοντας τους στόχους και τις ενέργειές μας με τις βασικές μας αξίες και τα πάθη μας, μετατρέπουμε ένα έργο σε ένα ταξίδι που μας ανταμείβει. Μετατρέποντας τα καθήκοντα σε συναρπαστικές, ικανοποιητικές και προοδευτικές εμπειρίες, αυξάνουμε τα κίνητρά μας και καλλιεργούμε την αίσθηση της κυριαρχίας και του ελέγχου της ζωής μας. Το να προσεγγίζουμε τους αγώνες μας με ενθουσιασμό, ευγένεια και προθυμία για μάθηση μπορεί να βελτιώσει σημαντικά την ικανότητά μας να ξεπεράσουμε την αναβλητικότητα και να ζήσουμε πιο ικανοποιητικές και παραγωγικές ζωές.

Αβίαστη παραγωγικότητα δεν σημαίνει απόκτηση περισσότερων δεξιοτήτων ή άκαμπτα χρονοδιαγράμματα, αλλά κατανόηση των κινήτρων μας και ευθυγράμμιση των πράξεών μας με τις πραγματικές μας επιθυμίες. Υιοθετώντας αυτή την ολιστική προσέγγιση, είναι δυνατόν να ξεπεράσουμε την αναβλητικότητα και να επιτύχουμε προσωπική ανάπτυξη και ολοκλήρωση πέρα από τις κοινωνικές προσδοκίες.

Μία από τις κύριες αιτίες της αναβλητικότητας είναι η πεποίθηση ότι πρέπει να επιτύχουμε την επιτυχία μέσω κοινωνικά αποδεκτών προτύπων. Ωστόσο, η επιτυχία δεν μετριέται με την ολοκλήρωση καθηκόντων ή τη λήψη βραβείων και κοινωνικού επαίνου, αλλά με το βάθος της αυτογνωσίας και την ποιότητα της ζωής. Συχνά, η απόκλιση από τις προσδοκίες ή τις αντιλήψεις των άλλων ανθρώπων σημαίνει ότι αισθανόμαστε επιτυχημένοι όταν οι άλλοι μας βλέπουν ως αποτυχημένους. Από την άλλη πλευρά, πολλοί άνθρωποι αποθαρρύνονται αφού φτάσουν σε ένα ορισμένο επίπεδο δημοτικότητας.

Τα κίνητρα διαμορφώνουν τις πράξεις μας, τροφοδοτούν τις φιλοδοξίες μας και τελικά καθορίζουν την πορεία της ζωής μας. Για να αξιοποιήσετε, ωστόσο, τη δύναμη της παρακίνησης, πρέπει να εντρυφήσετε στην περίπλοκη αλληλεπίδραση μεταξύ αυτονομίας και κυριαρχίας. Η αυτονομία, η αίσθηση του αυτοπροσδιορισμού και ο έλεγχος της ζωής μας αποτελούν τη βάση των κινήτρων. Όταν αισθανόμαστε ότι έχουμε τη δυνατότητα να κάνουμε τις δικές μας επιλογές και να χαράξουμε τη δική μας πορεία, πυροδοτείται μια ισχυρή εσωτερική παρόρμηση.

Αυτή η αυτονομία υπερβαίνει την απλή ελευθερία από εξωτερικούς περιορισμούς και περιλαμβάνει μια βαθιά αίσθηση ευθύνης για τις πράξεις μας και τα αποτελέσματά τους. Από την άλλη πλευρά, όταν νιώθουμε να μας ελέγχουν ή να μας χειραγωγούν, τα κίνητρά μας εξαντλούνται και αντικαθίστανται από δυσαρέσκεια και απάθεια. Μόνο μέσω του αυτοπροσδιορισμού προχωράμε στο επόμενο επίπεδο της ζωής μας, δεσμευμένοι στην αέναη προσπάθεια να γινόμαστε καλύτεροι και να βελτιώνουμε συνεχώς τις δεξιότητές μας.

Αυτή η έμφυτη ανθρώπινη επιθυμία να διαπρέψουμε, να αποκτήσουμε επάρκεια και να επιτύχουμε μαεστρία στις δραστηριότητες που επιλέγουμε τροφοδοτεί το πάθος μας και συντηρεί τα κίνητρά μας. Η μαεστρία δεν σημαίνει τελειότητα, αλλά μια συνεχής διαδικασία ανάπτυξης και εξέλιξης. Σημαίνει αποδοχή των προκλήσεων, μάθηση από τα λάθη και συνεχή βελτίωση της τέχνης μας. Η κατάκτηση μιας δεξιότητας, το ξεπέρασμα των εμποδίων και η επίτευξη ενός υψηλότερου επιπέδου ικανοτήτων παρέχει τεράστια ανταμοιβή και εσωτερικά κίνητρα ικανοποίησης.

Συνοψίζοντας, η αναβλητικότητα εμφανίζεται όταν οι πράξεις μας δεν ταιριάζουν με τις πραγματικές μας επιθυμίες. Για να την ξεπεράσουμε, πρέπει να διασφαλίσουμε ότι οι στόχοι μας είναι ευθυγραμμισμένοι με τις βασικές μας αξίες και με αυτό που μας κάνει ευτυχισμένους.

Κεφάλαιο 2: Η δύναμη του σκοπού στην παρακίνηση

Ο σκοπός είναι η πυξίδα που μας καθοδηγεί προς προσπάθειες με αντίκτυπο και νόημα. Μας επιτρέπει να βλέπουμε καθαρά πώς οι πράξεις μας συμβάλλουν σε κάτι μεγαλύτερο από εμάς τους ίδιους, είτε πρόκειται για την εξυπηρέτηση των άλλων, είτε για τη δημιουργία κάτι όμορφου και ουσιαστικού, είτε για τη ζωή σύμφωνα με τις αξίες μας. Χωρίς την αίσθηση του σκοπού, ακόμη και τα πιο ικανά και αυτόνομα άτομα μπορεί να βιώσουν μια βαθιά αίσθηση κενού και δυσαρέσκειας.

Η αλληλεπίδραση μεταξύ της αυτονομίας, της κυριαρχίας και του σκοπού δημιουργεί μια ισχυρή συνέργεια που μετατρέπει τις καθημερινές δραστηριότητες σε πραγματικά και διαρκή επιτεύγματα. Αυτή η συνέργεια μας επιτρέπει να δημιουργήσουμε το δικό μας πεπρωμένο. Ωστόσο, το τοπίο των κινήτρων κάθε ατόμου είναι μοναδικό, διαμορφωμένο από τις προσωπικές εμπειρίες, τις αξίες και τις φιλοδοξίες. Για να ξεκλειδώσετε το πλήρες δυναμικό σας, είναι σημαντικό να κατανοήσετε την πολυπλοκότητα των δικών σας κινητήριων μηχανών και να εντοπίσετε τους παράγοντες που πραγματικά σας εμπνέουν και σας ενεργοποιούν.

Στο επίκεντρο αυτής της αναζήτησης βρίσκεται η διάκριση μεταξύ εσωτερικών και εξωτερικών κινήτρων. Τα εσωτερικά κίνητρα, που τροφοδοτούνται από ένα γνήσιο πάθος για την ίδια την εργασία, συχνά οδηγούν σε υψηλότερα επίπεδα δημιουργικότητας, επιμονής και συνολικής ικανοποίησης. Αντίθετα, η εξωγενής παρακίνηση, που καθοδηγείται από εξωτερικές ανταμοιβές ή κίνητρα, μπορεί να είναι αποτελεσματική βραχυπρόθεσμα, αλλά δεν έχει τη διαρκή δύναμη των ενδογενών κινήτρων. Πέρα από αυτή τη διχοτόμηση, αναδύονται και άλλα ισχυρά κίνητρα, όπως η αναζήτηση του status και η επιρροή της κοινωνικής απόδειξης.

Η επιθυμία για αναγνώριση και επικύρωση μπορεί να αποτελέσει ισχυρή δύναμη, οδηγώντας τα άτομα σε αξιοσημείωτα επιτεύγματα. Ωστόσο, πρέπει να εξισορροπείται με ένα ισχυρό αίσθημα εσωτερικής ορμής, ώστε να αποτρέπεται η υπερβολική φιλοδοξία να κυριαρχήσει. Ομοίως, η τάση συμμόρφωσης με τις συμπεριφορές και τις πεποιθήσεις των συνομηλίκων μας μπορεί να προσφέρει μια αίσθηση του ανήκειν και της επικύρωσης, αλλά μπορεί επίσης να καταπνίξει την ατομικότητα και την προσωπική ανάπτυξη.

Η επιδίωξη της κυριαρχίας συνδέεται στενά με την εσωτερική ορμή. Ευθυγραμμίζοντας τους στόχους και τις ενέργειές σας με τις βαθύτερες εσωτερικές σας κινητήριες δυνάμεις και ενσωματώνοντας στρατηγικά εξωγενή κίνητρα και άλλους παράγοντες επιρροής, μπορείτε να δημιουργήσετε ένα συνεργιστικό οικοσύστημα κινήτρων που σας ωθεί προς τα εμπρός με ακλόνητη αποφασιστικότητα. Πρόκειται για μια συνεχή διαδικασία αυτοαναστοχασμού που απαιτεί συνεχή προσαρμογή στα μεταβαλλόμενα εργασιακά περιβάλλοντα, τις σχέσεις και τα προσωπικά ενδιαφέροντα.

Στον εργασιακό χώρο, για παράδειγμα, η διατήρηση των κινήτρων απαιτεί σαφή κατανόηση των αξιών και των στόχων σας, εστίαση στον θετικό αντίκτυπο της συνεισφοράς σας και σύνδεση με συναδέλφους που μοιράζονται τις αξίες σας. Η αναζήτηση ευκαιριών επαγγελματικής ανάπτυξης που ευθυγραμμίζονται με τις φιλοδοξίες σας διευκολύνει αυτή την ευθυγράμμιση.

Στις προσωπικές σχέσεις, η ανοιχτή επικοινωνία, ο αμοιβαίος σεβασμός και οι κοινοί στόχοι είναι απαραίτητα για τη διατήρηση των κινήτρων και την προώθηση υγιών σχέσεων. Όταν προκύπτουν προκλήσεις, η ενεργή αναζήτηση λύσεων με ταυτόχρονη καλλιέργεια ενσυναίσθησης και κατανόησης είναι το κλειδί για την υπέρβαση της δυσαρέσκειας και τη διατήρηση της δέσμευσης στη σχέση. Η κατανόηση των ανθρώπινων κινήτρων, τόσο στον εαυτό μας όσο και στους άλλους, είναι θεμελιώδης για την επίτευξη διαρκούς επιτυχίας.

Τα κίνητρα είναι μια σύνθετη αλληλεπίδραση ψυχολογικών και συναισθηματικών παραγόντων που επηρεάζει τις πράξεις και τις αποφάσεις μας. Όταν οι άνθρωποι αισθάνονται ότι έχουν τη δυνατότητα να κάνουν επιλογές σύμφωνα με τις αξίες και τις φιλοδοξίες τους, είναι πιο πιθανό να ασχοληθούν με καθήκοντα με ενθουσιασμό και επιμονή. Η αυτοπεποίθηση επιτρέπει στους ανθρώπους να αναλάβουν την ευθύνη της ζωής τους και να ξεπεράσουν κάθε πρόκληση. Ως εκ τούτου, πρέπει να παραμένουμε σε εγρήγορση για να διασφαλίσουμε ότι οι αξίες μας ευθυγραμμίζονται με εκείνες των άλλων και ότι όλοι επιδιώκουν τον ίδιο στόχο.

Οι άνθρωποι που βάζουν τα δικά τους συμφέροντα πάνω από τα συμφέροντα των άλλων είναι απίθανο να συνάψουν επιτυχημένες επιχειρηματικές συνεργασίες, φιλίες ή γάμους. Όταν ευθυγραμμίζουμε τον σκοπό μας με τις αξίες μας και τις αξίες των άλλων, δημιουργούμε μια πηγή αποφασιστικότητας που μας στηρίζει ακόμη και στις πιο δύσκολες συνθήκες. Αυτή η εστίαση δημιουργεί ανθεκτικότητα, διατηρεί τη συνοχή της ομάδας και μας επιτρέπει να ξεπερνάμε τις αναποδιές με ακλόνητη δέσμευση.

Για να το πετύχουμε αυτό, πρέπει να ξεκινήσουμε από τα μικρά, να επικεντρωθούμε σε μία ή δύο διαχειρίσιμες αλλαγές κάθε φορά και να γιορτάζουμε τις επιτυχίες μας σταδιακά. Να θυμάστε ότι η παρακίνηση, όπως και η προσωπική υγιεινή, απαιτεί καθημερινή φροντίδα και συνεπή προσπάθεια. Πρέπει να τροφοδοτούμε το μυαλό μας με εποικοδομητικές σκέψεις και μοτίβα για να δημιουργήσουμε μια σταθερή βάση για ανάπτυξη και ολοκλήρωση. Αυτή η προληπτική προσέγγιση μας κρατάει αφοσιωμένους και επικεντρωμένους στους στόχους μας. Κατανοώντας και καλλιεργώντας τα εγγενή κίνητρά μας, μπορούμε να οικοδομήσουμε μια ζωή με σκοπό και ολοκλήρωση που υπερβαίνει την επιφανειακή έλξη των εξωτερικών ανταμοιβών.

Εν ολίγοις, η κατανόηση του τι μας οδηγεί είναι θεμελιώδης για τη μακροπρόθεσμη επιτυχία. Όταν ενεργούμε σύμφωνα με τις αξίες και τους στόχους μας, αξιοποιούμε τη δική μας εσωτερική ορμή, η οποία μας οδηγεί να πετύχουμε απίστευτα πράγματα. Αυτή η ευθυγράμμιση μας κάνει πιο δυνατούς, προάγει την ομαδική εργασία και μας δίνει το κουράγιο να επιμένουμε μπροστά στις προκλήσεις.

Κεφάλαιο 3: Δημιουργία ενός υποστηρικτικού περιβάλλοντος για διαρκή παρακίνηση

Είναι ζωτικής σημασίας να περιβάλλουμε τον εαυτό μας με υποστηρικτικούς ανθρώπους που μας προκαλούν να γίνουμε η καλύτερη εκδοχή του εαυτού μας. Πρέπει να μάθετε να ξεχωρίζετε τις γνήσιες σχέσεις από εκείνες που βασίζονται στην επιφανειακότητα ή στο φθόνο, επειδή η ποιότητα των σχέσεων έχει σημαντικό αντίκτυπο στην παρακίνηση. Η εμπιστοσύνη στο ένστικτό σας, το οποίο συχνά αποκαλύπτει αλήθειες πέρα από το λογικό μυαλό, είναι μια σημαντική δεξιότητα που δεν πρέπει να παραμελείται. Μας βοηθούν να προσαρμοζόμαστε στο συνεχώς μεταβαλλόμενο περιβάλλον της ζωής μας. Η προσαρμογή σε αυτή τη ρευστότητα μας επιτρέπει να διαμορφώνουμε ενεργά το τοπίο των κινήτρων μας, αντί να αντιδρούμε απλώς στις περιστάσεις.

Η ζωή είναι μια σύνθετη αλληλεπίδραση παραγόντων που διαμορφώνουν την ανθρώπινη συμπεριφορά. Οι παράγοντες αυτοί, όπως η αναζήτηση νοήματος, η ανάγκη για ασφάλεια, η αποφυγή του πόνου και η επιδίωξη της ευχαρίστησης, παίζουν κεντρικό ρόλο στις ανθρώπινες πράξεις και αποφάσεις. Η αναγνώριση αυτής της αλληλεπίδρασης μας επιτρέπει να ευθυγραμμίσουμε τους στόχους και τις συμπεριφορές μας με το ιδανικό περιβάλλον για την ευδοκίμησή τους. Όταν βρίσκουμε νόημα στην εργασία μας, ασφάλεια στις σχέσεις μας και ευκαιρίες για προσωπική ανάπτυξη, τα κίνητρά μας κορυφώνονται.

Όταν αυτές οι μηχανές βρίσκονται εκτός ισορροπίας, μπορεί να βρεθούμε εγκλωβισμένοι στην αναβλητικότητα και σε μια βαθιά αίσθηση αποσύνδεσης από τον πραγματικό μας εαυτό. Για παράδειγμα, η ακλόνητη δέσμευση για την τελειοποίηση των δεξιοτήτων και την υπέρβαση των ορίων που τροφοδοτεί την επιθυμία για μαεστρία μπορεί να αποτελέσει ισχυρό κίνητρο, οδηγώντας σε αξιοσημείωτα επιτεύγματα. Ωστόσο, αν βρισκόμαστε σε λάθος περιβάλλον, αυτή η αποφασιστικότητα μπορεί να οδηγήσει σε αναποδιές, δυσαρέσκεια, φθόνο και διάφορες προσπάθειες άλλων ανθρώπων να σαμποτάρουν τα αποτελέσματά μας.

Παρομοίως, η επιρροή της κοινωνικής απόδειξης μπορεί να είναι δίκοπο μαχαίρι, παρέχοντας μια αίσθηση του ανήκειν και της επικύρωσης, αλλά επίσης κινδυνεύει να πνίξει την ατομικότητα και να περιορίσει την προσωπική ανάπτυξη. Το κλειδί είναι η καλλιέργεια μιας ισορροπημένης προσέγγισης για την επίτευξη διαρκούς παρακίνησης και ολοκλήρωσης. Η παρακίνηση περιλαμβάνει επίσης τη στρατηγική εφαρμογή τεχνικών για την καλλιέργειά της σε διαφορετικά πλαίσια ζωής. Χωρίς εξωτερική πίεση, βασιζόμαστε στην εσωτερική μας ορμή για να επιμείνουμε.

Όταν νιώθουμε απομονωμένοι, πρέπει να θέτουμε σαφείς και εφικτούς στόχους, να αναλύουμε τα μεγάλα καθήκοντα σε μικρότερα, πιο διαχειρίσιμα βήματα και να γιορτάζουμε κάθε επίτευγμα στην πορεία. Συχνά, η προώθηση της αυτοπαρακίνησης περιλαμβάνει την υπέρβαση εσωτερικών εμποδίων, όπως η αυτοαμφισβήτηση. Με την ενεργή αμφισβήτηση της αρνητικής αυτο-ομιλίας, ωστόσο, είναι δυνατόν να απελευθερωθούμε από αυτά τα μοτίβα. Η αντικατάσταση της αυτοκριτικής με την αυτοσυμπόνια και η υιοθέτηση μιας νοοτροπίας ανάπτυξης μας επιτρέπει να επιμένουμε μπροστά στις αντιξοότητες.

Εμβαθύνοντας στις σκέψεις, τα συναισθήματα και τις συμπεριφορές μας, μπορούμε να εντοπίσουμε τα μοτίβα που οδηγούν στην αναβλητικότητα και να τα διακόψουμε συνειδητά. Συχνά γινόμαστε οι ίδιοι οι πιο σκληροί επικριτές μας, κατακεραυνώνοντας τον εαυτό μας για τις αντιληπτές ελλείψεις και διαιωνίζοντας έναν κύκλο αυτοαμφισβήτησης και αποφυγής. Ωστόσο, μαθαίνοντας να αντιμετωπίζουμε τον εαυτό μας με την ίδια ευγένεια και κατανόηση που θα δίναμε σε έναν πολύτιμο φίλο, μπορούμε να απελευθερωθούμε από αυτό το καταστροφικό μοτίβο και να αντιμετωπίσουμε τους στόχους μας με ανανεωμένη αυτοπεποίθηση και αποφασιστικότητα.

Η παρακίνηση είναι μια δυναμική διαδικασία που απαιτεί συνεχή θρέψη και προσαρμογή. Για να συνεχίσουμε να προχωράμε μπροστά και να αποφύγουμε την επιστροφή στην αναβλητικότητα, χρειαζόμαστε στρατηγικές για να διατηρήσουμε το κίνητρο, να καλλιεργήσουμε την αυτοπειθαρχία και να αγκαλιάσουμε την ευελιξία. Ωστόσο, είναι σημαντικό να γνωρίζουμε ότι το αίσθημα της υπερφόρτωσης μπορεί να πυροδοτήσει την αναβλητικότητα. Όταν ερχόμαστε αντιμέτωποι με μεγάλες ή περίπλοκες εργασίες, μπορεί να νιώθουμε εκφοβισμένοι από το μέγεθος αυτού που πρέπει να γίνει. Αυτό το συντριπτικό συναίσθημα μπορεί να οδηγήσει σε μια κατάσταση παράλυσης, στην οποία αγωνιζόμαστε να προσδιορίσουμε το σημείο εκκίνησης.

Η αδυναμία να αναλύσουμε τις εργασίες σε διαχειρίσιμα βήματα επιδεινώνει τα συναισθήματα άγχους και ανεπάρκειας, τροφοδοτώντας περαιτέρω τον κύκλο της αναβλητικότητας. Επιπλέον, τα ελλείμματα προσοχής, που προκαλούνται από καταστάσεις όπως η ΔΕΠΥ (Διαταραχή Ελλειμματικής Προσοχής και Υπερκινητικότητας) ή οι συνεχείς περισπασμοί του σύγχρονου κόσμου μας, συμβάλλουν σημαντικά στην αναβλητικότητα. Τα άτομα με έλλειμμα προσοχής συχνά δυσκολεύονται να συγκεντρωθούν σε εργασίες, γεγονός που καθιστά δύσκολη την έναρξη και την ολοκλήρωση της εργασίας.

Το δέλεαρ των πιο άμεσα ανταμείβοντας δραστηριοτήτων, όπως η περιήγηση στα μέσα κοινωνικής δικτύωσης ή η πλοήγηση στο διαδίκτυο, δυσχεραίνει περαιτέρω την ικανότητά μας να παραμείνουμε στο στόχο μας. Ωστόσο, με την εφαρμογή στρατηγικών για την αντιμετώπιση αυτών των προκλήσεων, είναι δυνατόν να δημιουργηθεί ένα περιβάλλον που να υποστηρίζει τη διαρκή παρακίνηση και την προσωπική ανάπτυξη.

Εν ολίγοις, το να περιβάλλετε τον εαυτό σας με υποστηρικτικούς ανθρώπους και να δημιουργήσετε ένα ισορροπημένο περιβάλλον είναι το κλειδί για τη διατήρηση των κινήτρων. Η κατανόηση της σημασίας του νοήματος, της ασφάλειας και της ευχαρίστησης μας επιτρέπει να δημιουργήσουμε στόχους και συμπεριφορές που ευθυγραμμίζονται με τον πραγματικό μας εαυτό.

Κεφάλαιο 4: Ολιστικές στρατηγικές για την αύξηση της παραγωγικότητας

Πρακτικές στρατηγικές, όπως η βελτιστοποίηση του εργασιακού περιβάλλοντος, η αποτελεσματική χρήση της τεχνολογίας και η εφαρμογή τεχνικών διαχείρισης του χρόνου, μπορούν να αυξήσουν σημαντικά την παραγωγικότητα. Η δημιουργία ενός εστιασμένου χώρου εργασίας χωρίς περισπασμούς, ο καθορισμός σαφών προτεραιοτήτων και η χρήση εργαλείων όπως η τεχνική Pomodoro μπορούν να μας βοηθήσουν να παραμείνουμε προσηλωμένοι στα καθήκοντά μας και να επιτύχουμε τους στόχους μας.

Η τεχνική Pomodoro είναι μια μέθοδος διαχείρισης χρόνου που χωρίζει την εργασία σε διαστήματα των 25 λεπτών, με μικρά διαλείμματα ενδιάμεσα. Μετά από τέσσερα Πομοντόρο, απαιτείται ένα μεγαλύτερο διάλειμμα. Αυτά τα τακτικά διαλείμματα βοηθούν στην πρόληψη της εξουθένωσης και στη διατήρηση της πνευματικής διαύγειας.

Ωστόσο, είναι σημαντικό να θυμάστε ότι η παραγωγικότητα δεν αφορά μόνο την εξακρίβωση εργασιών, αλλά και την πραγματοποίηση μιας γεμάτης και γεμάτης σκοπό ζωής. Παρόλο που οι εξωτερικές ανταμοιβές, όπως το οικονομικό κέρδος, ο φόβος της τιμωρίας ή η επιθυμία για κοινωνική αποδοχή, μπορεί να είναι αποτελεσματικές βραχυπρόθεσμα, συχνά δεν παρέχουν τη διαρκή ολοκλήρωση και την εσωτερική ώθηση που μπορεί να προσφέρει η εσωτερική παρακίνηση.

Επιπλέον, πρέπει να μάθουμε να αναγνωρίζουμε και να εκτιμούμε τις στιγμές που οι αντιξοότητες μπορούν να ξεπεραστούν με χαρά, καθώς και τις στιγμές που ο πόνος συχνά προηγείται της θεραπείας. Αυτή η κατανόηση μας επιτρέπει να επαναπροσδιορίσουμε την προοπτική μας, αγκαλιάζοντας την κυκλική φύση της ζωής και τις ευκαιρίες για ανάπτυξη που προκύπτουν ακόμη και από τα πιο δύσκολα εμπόδια. Η αναγνώριση ότι η εσωτερική αρμονία προηγείται της εξωτερικής επιτυχίας απαιτεί ειλικρινή αυτοαξιολόγηση και το θάρρος να αντιμετωπίσουμε τις περιοριστικές πεποιθήσεις που διαμορφώνουν τη ζωή μας.

Αυτή η προσέγγιση δεν επιδιώκει την τελειότητα, αλλά το θάρρος να αμφισβητήσουμε τις περιοριστικές πεποιθήσεις και τις ζώνες άνεσής μας. Η ζωή είναι ένα πολύπλοκο παζλ και το να το αγκαλιάσουμε σημαίνει να βρούμε την ισορροπία μεταξύ όλων των σημαντικών πραγμάτων. Αυτό περιλαμβάνει τον αυτοέλεγχο, την υγεία, τις σχέσεις, τη μάθηση, τη δημιουργικότητα, τη διασκέδαση και την οικονομική σταθερότητα. Αυτή η ολιστική προσέγγιση στη στοχοθεσία υπερβαίνει τον παραδοσιακό τρόπο καθορισμού στόχων.

Στο επίκεντρο όλων βρίσκεται ο αυτοέλεγχος, το θεμέλιο πάνω στο οποίο στηρίζονται όλα τα υπόλοιπα. Μαθαίνοντας να ελέγχουμε τις παρορμήσεις, τα συναισθήματα και τη συμπεριφορά μας, χτίζουμε πειθαρχία και ανθεκτικότητα. Θέτοντας στόχους που μας βοηθούν να αναπτύξουμε τον αυτοέλεγχο, αποκτούμε τη δύναμη να ξεπεράσουμε τις προκλήσεις και τους πειρασμούς που μπαίνουν στο δρόμο μας. Ωστόσο, ο αυτοέλεγχος και η υγεία συνδέονται στενά μεταξύ τους.

Όταν φροντίζουμε το σώμα και το μυαλό μας, αισθανόμαστε καλύτερα. Πρέπει να γυμναζόμαστε τακτικά, να τρώμε υγιεινά τρόφιμα και να κάνουμε πράγματα που μας βοηθούν να χαλαρώνουμε και να σκεφτόμαστε καθαρά. Όταν φροντίζουμε τον εαυτό μας, όχι μόνο γινόμαστε πιο δυνατοί και υγιείς, αλλά και πιο σίγουροι και ικανοί να αντιμετωπίσουμε ό,τι μας επιφυλάσσει η ζωή.

Οι σχέσεις είναι εξίσου σημαντικές, καθώς έχουν σημαντικό αντίκτυπο στην ψυχική μας υγεία και ευτυχία. Σε αυτόν τον τομέα, οι στόχοι μπορούν να επικεντρωθούν στην ενίσχυση των υφιστάμενων σχέσεων, στην ανάπτυξη νέων ουσιαστικών δεσμών ή στη βελτίωση των επικοινωνιακών δεξιοτήτων. Οι υγιείς σχέσεις παρέχουν συναισθηματική υποστήριξη, ενθάρρυνση και διεγείρουν την υπευθυνότητα.

Η μάθηση είναι ένα δια βίου ταξίδι, που διευρύνει τους ορίζοντές μας και βελτιώνει την ικανότητά μας να καινοτομούμε. Είτε μέσω της επίσημης εκπαίδευσης, είτε μέσω της απόκτησης νέων δεξιοτήτων μέσω της ανάγνωσης ή της αυτοκατευθυνόμενης εξερεύνησης, καλλιεργούμε μια ακόρεστη περιέργεια και προσαρμοστικότητα - βασικές ιδιότητες σε έναν κόσμο που αλλάζει συνεχώς. Με τη συνεχή διεύρυνση των γνώσεών μας, ανοίγουμε τον εαυτό μας σε νέες ευκαιρίες για προσωπική και επαγγελματική ανάπτυξη και προετοιμαζόμαστε για να ευδοκιμήσουμε μπροστά στις διαρκώς εξελισσόμενες προκλήσεις.

Ωστόσο, οι γνώσεις από μόνες τους δεν αρκούν για να προσαρμοστούμε σε έναν κόσμο που αλλάζει διαρκώς. Η δημιουργικότητα αναδεικνύεται ως μια ισχυρή δύναμη που επιτρέπει στα άτομα να παράγουν νέες ιδέες και να εκφράζονται αυθεντικά. Για να ξεχωρίσουν, οι άνθρωποι χρειάζονται τις σωστές και πιο σύγχρονες δεξιότητες, την ικανότητα να αναλύουν διαφορετικές προοπτικές, να σκέφτονται διαφορετικά και το θάρρος να αναγνωρίζουν και να αποδέχονται τα συναισθήματά τους. Η συμμετοχή σε δημιουργικές δραστηριότητες δεν προσφέρει μόνο χαρά, αλλά ενισχύει και την επίλυση προβλημάτων, ωφελώντας την προσωπική και επαγγελματική μας ζωή.

Είναι σημαντικό να μην συγχέουμε τη δημιουργικότητα με τον ελεύθερο χρόνο. Οι ψυχαγωγικοί στόχοι περιστρέφονται γύρω από τον ελεύθερο χρόνο, τη χαλάρωση και τις δραστηριότητες που μας προσφέρουν χαρά και αναζωογόνηση. Ο χρόνος που αφιερώνεται στον ελεύθερο χρόνο μας επιτρέπει να επαναφορτίζουμε τις ψυχικές και συναισθηματικές μας μπαταρίες, να αποτρέπουμε την επαγγελματική εξουθένωση και να προωθούμε μια πιο υγιή ενσωμάτωση μεταξύ εργασίας και προσωπικής ζωής. Είναι σημαντικό να θυμόμαστε ότι η ανάγκη για αυτοανάπτυξη, χαλάρωση και απόκτηση πλούτου δεν είναι ξεχωριστές προσπάθειες, όπως πιστεύουν πολλοί άνθρωποι.

Αν και ο πλούτος δεν είναι ο μοναδικός δείκτης επιτυχίας, παρέχει οικονομική ασφάλεια και ελευθερία, διευκολύνοντας την επιδίωξη άλλων στόχων. Ωστόσο, είναι σημαντικό οι στόχοι που σχετίζονται με τον πλούτο να ευθυγραμμίζονται με τις αξίες και την ηθική μας, ώστε να διασφαλίζεται ότι η οικονομική ευημερία δεν επηρεάζει την ακεραιότητα ή την ευημερία μας.

Εν ολίγοις, η πραγματική παραγωγικότητα συνίσταται στο να ζούμε μια ευτυχισμένη και ουσιαστική ζωή. Εστιάζοντας στον αυτοέλεγχο, φροντίζοντας την υγεία σας, καλλιεργώντας τις σχέσεις σας, μαθαίνοντας νέα πράγματα, όντας δημιουργικοί, βρίσκοντας χαρά και επιτυγχάνοντας οικονομική σταθερότητα, μπορείτε να αναπτύξετε μια ολιστική αίσθηση αυτοφροντίδας.

Κεφάλαιο 5: Αξιοποίηση της καθοδήγησης και της διαχείρισης του χρόνου για επιτυχία

Η καθοδήγηση από μέντορες μπορεί να είναι πολύ πολύτιμη. Η σύνδεση με συναδέλφους που μπορούν να προσφέρουν ενθάρρυνση, υπευθυνότητα και διαφορετικές προοπτικές μπορεί να βελτιώσει σημαντικά την πρόοδό μας και να διατηρήσει υψηλά τα κίνητρά μας. Μπορούν επίσης να βοηθήσουν στη διαμόρφωση των δράσεών μας. Κάθε πράξη που αναλαμβάνουμε αντανακλά τις εσωτερικές μας πεποιθήσεις, τις επιθυμίες και τις προτεραιότητές μας. Καθώς τα πάντα στη ζωή απαιτούν επένδυση, η διαφορά στα αποτελέσματά μας μπορεί να είναι σημαντική αν διαθέσουμε με σύνεση τον πιο πολύτιμο πόρο μας: τον χρόνο.

Η αποτελεσματική διαχείριση του χρόνου υπερβαίνει τον απλό προγραμματισμό των εργασιών- περιλαμβάνει τη συνειδητή ιεράρχηση των δραστηριοτήτων που ευθυγραμμίζονται πραγματικά με τους μακροπρόθεσμους στόχους μας. Αυτοί οι στόχοι χρησιμεύουν ως βάση για την οικοδόμηση μιας δομημένης ρουτίνας που εντάσσεται απρόσκοπτα στην καθημερινότητά μας. Η συνέπεια είναι το κλειδί, καθώς η έρευνα δείχνει ότι χρειάζονται κατά μέσο όρο 66 ημέρες για να διαμορφωθεί μια νέα συνήθεια. Για να δημιουργήσουμε έναν θετικό βρόχο ανατροφοδότησης που ενισχύει την πρόοδό μας και δημιουργεί δυναμική, θα πρέπει να ξεκινάμε από μικρά βήματα και να αυξάνουμε σταδιακά τη διάρκεια ή την ένταση των επιθυμητών συμπεριφορών μας.

Ο εορτασμός μικρών νικών στην πορεία ενισχύει την αυτοπεποίθησή μας και προάγει την αίσθηση της επίτευξης που μας παρακινεί. Οι ανταμοιβές παγιώνουν τη συσχέτιση μεταξύ μιας συμπεριφοράς και ενός θετικού αποτελέσματος, αυξάνοντας την πιθανότητα επανάληψης της συνήθειας. Καθώς κάθε πράξη πηγάζει από ένα συναίσθημα, πρέπει να ευθυγραμμίσουμε τις σκέψεις, τα συναισθήματα και τις συμπεριφορές μας για να επιτύχουμε τους στόχους μας. Καλλιεργώντας μια θετική στάση και δημιουργώντας ένα περιβάλλον που ευνοεί τις παραγωγικές συνήθειες, ερχόμαστε πιο κοντά σε αυτές.

Αυτή η θετική στάση μπορεί να ενισχυθεί όταν πιστεύουμε στα αποτελέσματά μας. Η ικανότητα να βλέπουμε το άπιαστο και να εμπιστευόμαστε τις φιλοδοξίες μας είναι ένα παράδειγμα της δύναμης της πίστης. Στην πραγματικότητα, η έρευνα έχει δείξει ότι η υπερβολική εξάρτηση από τις εξωγενείς ανταμοιβές μπορεί μερικές φορές να υπονομεύσει τα εσωτερικά κίνητρα. Τα άτομα μπορεί να αρχίσουν να βλέπουν μια δραστηριότητα ως μέσο για ένα σκοπό, αντί για πηγή ευχαρίστησης. Αυτός είναι ο λόγος για τον οποίο πολλοί πλούσιοι άνθρωποι τονίζουν ότι τα χρήματα δεν είναι ο τελικός στόχος, σε αντίθεση με εκείνους που τα βλέπουν ως λύση στα προβλήματά τους.

Η διαφορά μεταξύ των πλουσίων και των λιγότερο τυχερών έγκειται συνήθως στην αντίληψή τους για το από πού προέρχεται ο πλούτος. Οι πλούσιοι αναγνωρίζουν ότι ο πλούτος προέρχεται από ένα μυαλό με γνώσεις, τη δύναμη των ιδεών και την ενεργητική εφαρμογή αυτών των ιδεών, ξεπερνώντας το φόβο της αποτυχίας, ενώ οι λιγότερο τυχεροί μπορεί να παραμελήσουν την ανάγκη τους για μόρφωση υπέρ της εφαρμογής των αποταμιεύσεών τους, πιστεύοντας ότι η τύχη και όχι η ευφυΐα είναι ο πιο αξιόπιστος τρόπος για να ξεφύγουν από τη φτώχεια. Αυτή η νοοτροπία όχι μόνο διαιωνίζει τις οικονομικές δυσκολίες, αλλά συμβάλλει επίσης σε μια πνευματική κατάσταση φτώχειας που επηρεάζει τις μελλοντικές γενιές που γεννιούνται σε τέτοια περιβάλλοντα.

Σε θρησκευτικά πλαίσια, οι πλούσιοι συχνά προσεύχονται για ευκαιρίες, ενώ οι λιγότερο τυχεροί προσεύχονται για χρήματα. Ωστόσο, τα χρήματα μπορεί να είναι ευμετάβλητα και συχνά οδηγούν σε βραχυπρόθεσμα κέρδη, ενώ οι ευκαιρίες για μακροχρόνιες επιχειρήσεις μπορούν να προσφέρουν διαρκή οικονομική ασφάλεια. Αντί να εστιάζουν αποκλειστικά στα χρήματα, μπορεί να είναι πιο ωφέλιμο για τους λιγότερο τυχερούς να αναζητήσουν εργασία και να οικοδομήσουν ένα σταθερό μέλλον. Όταν λαμβάνουν απροσδόκητα περισσότερα χρήματα ή οικονομικές ευλογίες, συχνά ξοδεύουν παρορμητικά και καταλήγουν πάλι εκεί από όπου ξεκίνησαν. Αυτή η τάση σχετίζεται με το φόβο του πλούτου.

Η αποτελεσματική αλλαγή αυτής της νοοτροπίας απαιτεί μια βαθιά ψυχολογική μεταμόρφωση, που περιλαμβάνει την επανεκτίμηση των πεποιθήσεων για τα χρήματα, μεγαλύτερη πειθαρχία, αυξημένη αυτοεκτίμηση και αίσθημα ευθύνης. Μελέτες δείχνουν ότι ο συνδυασμός της πίστης με νοητικές εικόνες μπορεί να αυξήσει την αυτοεκτίμηση και την αίσθηση ευθύνης. Μια μελέτη των Holmes και Collins (2001) υποδηλώνει ότι η νοητική απεικόνιση μπορεί να βελτιώσει τη σωματική απόδοση δημιουργώντας ένα νοητικό σχέδιο που αντιστοιχεί στην πραγματική εμπειρία.

Η τεχνική αυτή έχει χρησιμοποιηθεί με επιτυχία στην αθλητική ψυχολογία για τη βελτίωση της αθλητικής απόδοσης. Οι τεχνικές οραματισμού, οι οποίες περιλαμβάνουν τη νοητική πρόβα των επιθυμητών αποτελεσμάτων, μπορούν να είναι ιδιαίτερα αποτελεσματικές στη βελτίωση της απόδοσης και στην επίτευξη των στόχων. Επιπλέον, μια μελέτη των Pham και Taylor (1999) διαπίστωσε ότι οι νοητικές προσομοιώσεις με βάση τη διαδικασία, οι οποίες περιλαμβάνουν την οπτικοποίηση των βημάτων που απαιτούνται για την επίτευξη ενός στόχου, είναι πιο αποτελεσματικές από τις προσομοιώσεις με βάση το αποτέλεσμα, οι οποίες επικεντρώνονται μόνο στο επιθυμητό τελικό αποτέλεσμα.

Η αποτελεσματική οπτικοποίηση περιλαμβάνει τη φαντασία όχι μόνο του επιθυμητού αποτελέσματος, αλλά και των βημάτων και των ενεργειών που απαιτούνται για την επίτευξή του, αυξάνοντας τις πιθανότητες επιτυχίας. Αυτή η οπτικοποίηση που βασίζεται στη διαδικασία αυξάνει επίσης τα κίνητρα.

Συνοψίζοντας, για να πετύχετε τους στόχους σας, είναι σημαντικό να γνωρίζετε πώς να διαχειρίζεστε σωστά τον χρόνο. Η διατήρηση μιας θετικής στάσης, η πίστη στους στόχους σας και η χρήση της οπτικοποίησης μπορούν να σας βοηθήσουν να διατηρήσετε το κίνητρο και να επιτύχετε την επιτυχία. Ευθυγραμμίζοντας τις ενέργειές σας με τις βασικές σας αξίες, θα είστε στο σωστό δρόμο για την οικοδόμηση πλούτου και την επίτευξη διαρκούς επιτυχίας.

Κεφάλαιο 6: Μετατρέποντας τις προθεσμίες σε ευκαιρίες

Η δυναμική αλληλεπίδραση της πρόβλεψης, της ενίσχυσης και της πρόκλησης δημιουργεί ένα τοπίο παρακίνησης που ενθαρρύνει τα άτομα να επιδιώκουν τους στόχους τους με ακλόνητη δέσμευση. Οι τεχνικές οραματισμού αποτελούν το κλειδί για την υπέρβαση των αναποδιές, τη δημιουργία προσδοκίας και την ενίσχυση της πίστης στην επίτευξη των επιθυμητών αποτελεσμάτων, παρά τα εμπόδια και τις προκλήσεις που αντιμετωπίζουν.

Η διατήρηση της ελπίδας και της πίστης σε ένα συγκεκριμένο αποτέλεσμα μας επιτρέπει να δούμε το άυλο, το οποίο είναι θεμελιώδες μπροστά στις αντιξοότητες. Όταν ευθυγραμμίζουμε τις καθημερινές μας δραστηριότητες με μια σαφή αίσθηση του σκοπού, μαζί με την πεποίθηση και τον οραματισμό των επιθυμητών αποτελεσμάτων, γινόμαστε μια ανεξάντλητη πηγή έμπνευσης, δημιουργικότητας και αποφασιστικότητας. Ευθυγραμμίζοντας συνειδητά τις σκέψεις, τις πεποιθήσεις και τις ενέργειές μας με αυτούς τους πυλώνες, απελευθερωνόμαστε από την αναβλητικότητα και φτάνουμε στις πραγματικές μας δυνατότητες.

Ωστόσο, μόνο αν κατανοήσουμε τους παράγοντες που κρύβονται πίσω από τη συμπεριφορά μας, μπορούμε να διαμορφώσουμε συνειδητά τα κίνητρά μας και να τα ευθυγραμμίσουμε με τις βαθύτερες αξίες και προσδοκίες μας. Αυτή η διαδικασία περιλαμβάνει την αντιμετώπιση των ψευδαισθήσεων και την υιοθέτηση της προσωπικής ανάπτυξης, ακόμη και όταν αυτή αποτελεί πρόκληση και απομόνωση. Είναι επίσης απαραίτητο να αναγνωρίσουμε ότι οι περιορισμοί μας είναι συχνά αυτοεπιβαλλόμενες νοητικές κατασκευές.

Καθώς διευρύνουμε τις γνώσεις μας και αναπτύσσουμε τις δεξιότητές μας, πρέπει να απορρίπτουμε περιβάλλοντα και ανθρώπους που μας εμποδίζουν να προοδεύσουμε και να επιτύχουμε τους στόχους μας. Η αντίληψη ότι δεν πρέπει να μοιραζόμαστε τα όνειρά μας με άλλους πηγάζει από αυτή τη θεμελιώδη αλήθεια, αν και είναι σοφότερο να αποφεύγουμε να συναναστρεφόμαστε με ανθρώπους με τους οποίους δεν μπορούμε να μοιραστούμε τη ζωή μας.

Αυτή η ικανότητα διάκρισης απαιτεί την ταπεινότητα να αναγνωρίζουμε τις δυνάμεις και τις αδυναμίες μας και να αναζητούμε ενεργά ευκαιρίες για μάθηση, πειραματισμό και πρόκληση, ακόμη και μπροστά στην αβεβαιότητα ή τον κίνδυνο αποτυχίας. Η πιο διαρκής πηγή κινήτρων είναι η αναζήτηση μιας ζωής με νόημα, γεμάτης εμπόδια που μπορούμε να ξεπεράσουμε. Ωστόσο, συχνά το αγνοούμε αυτό όταν επιτρέπουμε στους ανθρώπους να μπουν στη ζωή μας και πιστεύουμε ότι μπορούμε να τους αλλάξουμε με επιχειρήματα. Αυτή η προσέγγιση είναι χάσιμο χρόνου και ενέργειας.

Ο σκοπός υπερβαίνει την ανάγκη για εξωτερική αποδοχή, έγκριση ή υλικό πλούτο. Είναι μια βαθιά κατανόηση ότι ο χρόνος μας στη γη είναι περιορισμένος και ότι ο τρόπος που τον χρησιμοποιούμε συμβάλλει στην υλοποίηση του προσωπικού μας οράματος για ένα ιδανικό μέλλον που υπερβαίνει το φυσικό μας ταξίδι. Η καλλιέργεια της αίσθησης του σκοπού απαιτεί ενδοσκόπηση και προβληματισμό σχετικά με τις βασικές μας αξίες, τα πάθη και την κληρονομιά που επιθυμούμε να αφήσουμε πίσω μας. Αυτό περιλαμβάνει τον εντοπισμό των αιτιών που μας εκφράζουν και τη φαντασία του αντίκτυπου που επιθυμούμε να επιφέρουμε στον κόσμο.

Οι ουσιαστικές σχέσεις που βασίζονται στον αμοιβαίο σεβασμό, τη συμπόνια και την κοινή αίσθηση του σκοπού παρέχουν τους συναισθηματικούς, πρακτικούς και διανοητικούς πόρους που απαιτούνται για να ξεπεραστεί η αναβλητικότητα. Η αναζήτηση και η αποδοχή βοήθειας από τους άλλους είναι ένδειξη δύναμης και όχι αδυναμίας. Αναγνωρίζοντας τους περιορισμούς μας και όντας ανοιχτοί στο να ζητήσουμε υποστήριξη, αποδεικνύουμε τη δέσμευσή μας για τη δική μας ανάπτυξη. Αυτό ισχύει ιδιαίτερα όταν πρόκειται για προθεσμίες.

Μακριά από το να είναι απλοί περιορισμοί, οι προθεσμίες, όταν χρησιμοποιούνται επιδέξια, μπορούν να χρησιμεύσουν ως ισχυρά εργαλεία για τον αποτελεσματικό εντοπισμό των στοιχείων της ζωής μας που μας ωθούν προς τα εμπρός και εκείνων που εμποδίζουν την πρόοδό μας. Οι προθεσμίες δημιουργούν μια αίσθηση επείγοντος και εστίασης, βοηθώντας μας να ιεραρχήσουμε τις εργασίες, να βελτιώσουμε τη διαχείριση του χρόνου και να κινητοποιήσουμε τους πόρους μας. Αυτή η αυξημένη κατάσταση εστίασης αυξάνει την παραγωγικότητά μας και προάγει μια βαθιά αίσθηση ολοκλήρωσης όταν πετυχαίνουμε τους στόχους μας.

Για να αξιοποιήσουμε αποτελεσματικά τη δύναμη των προθεσμιών, πρέπει να αμφισβητήσουμε ενεργά την αρνητική αυτο-ομιλία, να οραματιστούμε τα επιθυμητά αποτελέσματα και να αναλύσουμε τα μεγάλα καθήκοντα σε διαχειρίσιμα βήματα. Με αυτόν τον τρόπο, μπορούμε να μετατρέψουμε τις προθεσμίες, οι οποίες συχνά αποτελούν πηγές άγχους, σε ευκαιρίες για ολοκλήρωση και προσωπική ανάπτυξη. Αντί να βλέπουμε τον χρόνο ως έναν αδυσώπητο αφέντη, μπορούμε να μάθουμε να τον χρησιμοποιούμε ως πολύτιμο πόρο για να καλλιεργήσουμε την ανάπτυξή μας, να αποκτήσουμε βαθύτερη κατανόηση της πραγματικής αξίας των σχέσεών μας και να εκπληρώσουμε τα όνειρά μας.

Εν ολίγοις, όταν τις βλέπουμε ως ευκαιρίες για προσωπική ανάπτυξη και ολοκλήρωση, οι προθεσμίες γίνονται απίστευτα ισχυρά εργαλεία. Ευθυγραμμίζοντας τις ενέργειές μας με μια σαφή αίσθηση του σκοπού και μια ακλόνητη πίστη στις ικανότητές μας, μπορούμε να ξεπεράσουμε την αναβλητικότητα και να απελευθερώσουμε το πλήρες δυναμικό μας. Η διαδικασία αυτή περιλαμβάνει την αντιμετώπιση των αυτοεπιβαλλόμενων περιορισμών, την αναζήτηση εξωτερικής υποστήριξης και την καλλιέργεια ουσιαστικών σχέσεων.

Κεφάλαιο 7: Χτίζοντας δυναμική για την επιτυχία

Μερικές φορές οι μεγάλες φιλοδοξίες μας μπορεί να φαίνονται συντριπτικές και να μας εμποδίζουν να προχωρήσουμε μπροστά. Αντί να προσπαθούμε να τα αντιμετωπίσουμε όλα μαζί, το σπάσιμο των στόχων μας σε μικρότερα, πιο διαχειρίσιμα βήματα μπορεί να διευκολύνει τη σταθερή πρόοδο και να δημιουργήσει δυναμική. Η πραγματική αλλαγή προέρχεται από τη συνεπή και πειθαρχημένη εκτέλεση φαινομενικά ασήμαντων ενεργειών.

Οι καθημερινές συνήθειες και ρουτίνες, όπως η τακτική άσκηση, η προσεκτική διατροφή και ο διαλογισμός, είναι θεμελιώδεις για την επιτυχία σε όλους τους τομείς της ζωής. Όταν εστιάζουμε σε βραχυπρόθεσμους στόχους που μπορούν να επιτευχθούν σε ημέρες ή εβδομάδες, αυτά τα μικρά βήματα μπορούν να προσφέρουν απτά επιτεύγματα και κίνητρα για να συνεχίσουμε να προχωράμε μπροστά. Ο εορτασμός αυτών των νικών δημιουργεί έναν θετικό βρόχο ανατροφοδότησης που τροφοδοτεί την επιθυμία μας να αναλάβουμε την επόμενη πρόκληση.

Ακριβώς όπως μια πέτρα που κυλάει στην κατηφόρα, οι ενέργειές μας μπορούν να αποκτήσουν ορμή και δύναμη με συνέπεια και σκοπό. Κάθε έργο και ορόσημο που ολοκληρώνεται μας ωθεί προς τα εμπρός, κάνοντας τα φαινομενικά ανυπέρβλητα εμπόδια για τους μακροπρόθεσμους στόχους μας να φαίνονται πιο εφικτά. Ευθυγραμμίζοντας τις καθημερινές μας συνήθειες και τους βραχυπρόθεσμους στόχους μας με τις μεγαλύτερες, πιο φιλόδοξες φιλοδοξίες μας, δημιουργούμε μια αρμονική ισορροπία στις διάφορες πτυχές της ζωής μας.

Στο επαγγελματικό περιβάλλον, τα μικρο-βήματα μπορεί να περιλαμβάνουν τον καθημερινό παραμερισμό χρόνου για την ανάπτυξη δεξιοτήτων, τη δικτύωση ή τον στρατηγικό σχεδιασμό. Αυτές οι μικρές ενέργειες, όταν συσσωρεύονται με την πάροδο του χρόνου, οδηγούν σε σταθερή πρόοδο προς τους επαγγελματικούς μας στόχους, είτε πρόκειται για την εξασφάλιση μιας προαγωγής, είτε για την έναρξη μιας νέας επιχείρησης είτε για τη μετάβαση σε έναν πιο αποδοτικό τομέα εργασίας.

Στον οικονομικό τομέα, τα βασικά βήματα περιλαμβάνουν τον προϋπολογισμό, την αποταμίευση και τη διαχείριση του χρέους. Ακολουθώντας με συνέπεια αυτά τα μικρά βήματα, μπορούμε να επιτύχουμε βραχυπρόθεσμους στόχους, όπως η αύξηση του εισοδήματος μέσω παράλληλων δραστηριοτήτων ή στρατηγικών επενδύσεων. Με αυτόν τον τρόπο, θέτουμε τα θεμέλια για μακροπρόθεσμη οικονομική σταθερότητα και την ελευθερία να ακολουθούμε τα πάθη μας χωρίς οικονομικές ανησυχίες.

Ομοίως, η προσέγγιση των μικροβημάτων μπορεί να είναι εξίσου μεταμορφωτική για τη συναισθηματική μας ευημερία. Ενσωματώνοντας στην καθημερινότητά μας τακτικές πρακτικές αυτοαναστοχασμού, ημερολογίου και διαχείρισης του άγχους, καλλιεργούμε τη συναισθηματική ανθεκτικότητα. Με αυτόν τον τρόπο, αντιμετωπίζουμε πιο εύκολα τις προκλήσεις της προσωπικής και επαγγελματικής μας ζωής.

Η πνευματική ανάπτυξη ευνοείται επίσης από μια δομημένη προσέγγιση στον καθορισμό στόχων. Αντί να καταναλώνουμε άσκοπα μεγάλες ποσότητες πληροφοριών, μπορούμε να καλλιεργήσουμε μια συνεπή συνήθεια ανάγνωσης θέτοντας εφικτούς στόχους, όπως η ανάγνωση 20 σελίδων την ημέρα, η ενεργός συμμετοχή σε συνεργατικές μαθησιακές εμπειρίες και η συνεχής αναζήτηση ευκαιριών για συνεχή εκπαίδευση και βελτίωση των δεξιοτήτων μας. Καθώς αυτά τα μικρο-βήματα συσσωρεύονται με την πάροδο του χρόνου, διευρύνουμε τις γνώσεις μας και ανοίγουμε νέους δρόμους για προσωπική και επαγγελματική ανάπτυξη.

Στην πορεία, δεν μπορείτε να παραμελήσετε την κοινωνική σφαίρα, καθώς οι συνδέσεις μας με τους άλλους έχουν σημαντικό αντίκτυπο στην ευημερία και την ευτυχία μας. Θέτοντας μικρούς στόχους που σχετίζονται με τη δικτύωση, τη συμμετοχή στα κοινά και την καλλιέργεια των υφιστάμενων σχέσεων, μπορούμε σταδιακά να οικοδομήσουμε ένα υποστηρικτικό και εμπλουτιστικό κοινωνικό δίκτυο που επηρεάζει θετικά τη ζωή μας. Το κλειδί είναι να καλλιεργούμε σχέσεις που συντονίζονται με τις φιλοδοξίες μας και μας ενδυναμώνουν, αντί να μας απορροφούν την ενέργεια.

Για παράδειγμα, έχω κάνει αμέτρητες συζητήσεις με επιτυχημένους επιχειρηματίες από διάφορα έθνη, οι οποίοι με ενέπνευσαν να παράγω περισσότερα και καλύτερα βιβλία. Η αντίληψή τους για το έργο μου ως ένα διαχρονικό θαύμα, ικανό να ανυψώσει αμέτρητες ψυχές, με γέμισε με τιμή και ευθύνη να παράγω ακόμη καλύτερο έργο. Αντίθετα, οι περισσότεροι άνθρωποι που γνώρισα από διάφορα περιβάλλοντα με έκαναν να νιώθω ανεπαρκής επειδή δεν συμμορφώθηκα με τις στενές ιδέες τους για το τι πρέπει να είναι ένας συγγραφέας, ένα βιβλίο ή ο τρόπος ζωής μου. Ενώ κάποιοι επαίνεσαν την ελευθερία μου να ταξιδεύω, πολλοί προσπάθησαν να με πείσουν ότι ο τρόπος ζωής μου, που επιτεύχθηκε μετά από μια δεκαετία με διάφορες δουλειές, είναι λανθασμένος.

Η αρνητική επιρροή που ασκούσαν πάνω μου οι περισσότεροι άνθρωποι ήταν εμφανής στη συναισθηματική μου κατάσταση. Με αποθάρρυναν, με έκαναν να χάσω το ενδιαφέρον μου για τη δουλειά μου και συχνά με οδηγούσαν στην αναβλητικότητα. Αντίθετα, η ομάδα των επιχειρηματιών που γνώρισα με ενέπνευσε να αναζητήσω τρόπους για να βελτιώσω τον εαυτό μου και τη δουλειά μου. Αυτή η διαφορά είναι σημαντική και δεν μπορεί να αγνοηθεί. Πολλοί άνθρωποι ενδιαφέρονται περισσότερο να μας βλέπουν να αγωνιζόμαστε, να αποτυγχάνουμε και να τα παρατάμε παρά να μας βλέπουν να πετυχαίνουμε. Ικανοποιούνται με τις αποτυχίες μας, όπως αποδεικνύεται από τα χαμόγελά τους μπροστά στην εξάντληση και την έλλειψη αποτελεσμάτων μας. Συχνά, αυτοί οι άνθρωποι είναι μέλη της δικής μας οικογένειας.

Εν ολίγοις, για να πετύχετε τα όνειρά σας, πρέπει να τα σπάσετε σε μικρότερα, πιο διαχειρίσιμα βήματα. Κάνοντας συνεπή και πειθαρχημένα βήματα, όπως καθημερινές συνήθειες και βραχυπρόθεσμους στόχους, θα αναπτύξετε δυναμική και θα κάνετε τα μακροπρόθεσμα όνειρά σας πιο εφικτά. Στην πορεία, θυμηθείτε να περιβάλλετε τον εαυτό σας με υποστηρικτικούς και θετικούς ανθρώπους που πιστεύουν στις ικανότητές σας.

Κεφάλαιο 8: Αντιμετωπίζοντας και ξεπερνώντας την αντίσταση

Όσοι θέλουν να βελτιώσουν τον εαυτό τους αντιμετωπίζουν συχνά αντίσταση. Ορισμένοι άνθρωποι είναι αυτάρεσκοι και δυσανασχετούν με όσους έχουν το θάρρος να κυνηγήσουν τα όνειρά τους. Πρέπει να συνεχίσουμε και μερικές φορές να αντιμετωπίζουμε αυτούς που προσπαθούν να μας εμποδίσουν να πετύχουμε τους στόχους μας. Αυτοί οι άνθρωποι μπορεί να μας προσβάλλουν ή ακόμα και να γίνουν βίαιοι αν δεν συμφωνούμε μαζί τους ή με τον τρόπο που αντιμετωπίζουμε την αλαζονεία, τον εγωισμό και τις παραληρηματικές ιδέες τους για τη ζωή.

Παρόλο που ο διαλογισμός και οι βόλτες στο πάρκο μπορούν να μας βοηθήσουν να ανακτήσουμε την ενέργεια για να αντιμετωπίσουμε αγχωτικά περιβάλλοντα, δεν είναι αρκετά για να διατηρήσουν ένα μακροπρόθεσμο αποτέλεσμα παρακίνησης. Οι άνθρωποι με τους οποίους αλληλεπιδρούμε έχουν σημαντικό αντίκτυπο στα επίπεδα των κινήτρων μας με την πάροδο του χρόνου και μπορούν να μας κάνουν να αναβάλλουμε όταν η ενέργειά τους είναι χαμηλή. Για να παραμένουμε σταθερά παραγωγικοί, πρέπει να εντοπίζουμε με σαφήνεια αυτές τις επιρροές και να καταβάλλουμε προσπάθεια να τις αποφεύγουμε.

Η αυτογνωσία, σε συνδυασμό με προληπτικά μέτρα, παρέχει την ιδανική ισορροπία μεταξύ του αυθεντικού μας εαυτού, των ενεργειών του κόσμου και της δημιουργικής μας έκφρασης. Μέσα από στιγμές περισυλλογής, προβληματισμού και καθαρής σκέψης συνδεόμαστε με κάτι πέρα από τον εαυτό μας και εμβαθύνουμε την κατανόηση της θέσης μας στο σύμπαν. Οι προκλήσεις που αντιμετωπίζουμε, τα μαθήματα που μαθαίνουμε και οι συνδέσεις που κάνουμε στην πορεία διαμορφώνουν αυτό που είμαστε. Η αναγνώριση του τρόπου με τον οποίο τα πάντα μας επηρεάζουν απαιτεί επίσης την κατανόηση της πολύπλοκης σχέσης μεταξύ του φυσικού μας περιβάλλοντος, της ψυχικής μας κατάστασης και των στρατηγικών παραγωγικότητάς μας.

Ένας καλά σχεδιασμένος χώρος εργασίας, απαλλαγμένος από περισπασμούς και περιτριγυρισμένος από τους κατάλληλους ανθρώπους, προάγει τη συγκέντρωση, τη συνεργασία και την επίτευξη στόχων. Για να αυξήσουμε την παραγωγικότητα, πρέπει να κάνουμε το περιβάλλον εργασίας μας όσο το δυνατόν πιο αποδοτικό. Αυτό σημαίνει προσεκτική οργάνωση των επίπλων και των εργαλείων μας, ώστε όλα όσα χρειαζόμαστε να είναι εύκολα προσβάσιμα. Θέλουμε επίσης να δημιουργήσουμε ένα ήρεμο και ήσυχο περιβάλλον, το οποίο μπορεί να επιτευχθεί με τη χρήση ακουστικών με ακύρωση θορύβου, την απενεργοποίηση των ειδοποιήσεων και τη δημιουργία συγκεκριμένων ήσυχων ζωνών.

Ωστόσο, η επίτευξη αυτής της ιδανικής ισορροπίας μεταξύ εργασίας και προσωπικής ζωής μπορεί να είναι ιδιαίτερα δύσκολη για τους εργαζόμενους εξ αποστάσεως και τους ανεξάρτητους εργολάβους, οι οποίοι αντιμετωπίζουν τη μοναδική πρόκληση του διαχωρισμού του εργασιακού και του προσωπικού τους περιβάλλοντος. Για να διατηρήσουν τη συγκέντρωσή τους κατά τη διάρκεια των ωρών εργασίας, οι ανεξάρτητοι εργαζόμενοι μπορούν να ορίσουν συγκεκριμένα ωράρια, να δημιουργήσουν έναν αποκλειστικό χώρο εργασίας και να γνωστοποιήσουν τη διαθεσιμότητά τους σε μέλη της οικογένειας ή σε συγκάτοικους.

Η χρήση της τεχνολογίας μπορεί να εκσυγχρονίσει τις διαδικασίες, να βελτιώσει την επικοινωνία και να διευκολύνει τη συνεργασία, συμβάλλοντας στην αύξηση της παραγωγικότητας. Το λογισμικό διαχείρισης έργων, οι πλατφόρμες επικοινωνίας και τα εργαλεία αυτοματοποίησης μπορούν επίσης να μας βοηθήσουν να παραμείνουμε οργανωμένοι, να μειώσουμε τη χειροκίνητη καταχώρηση δεδομένων και να απελευθερώσουμε χρόνο για στρατηγικές δραστηριότητες.

Ωστόσο, είναι σημαντικό να βρούμε μια ισορροπία όταν ενσωματώνουμε την τεχνολογία στον εργασιακό χώρο. Η υπερβολική εξάρτηση από τα ψηφιακά εργαλεία μπορεί να οδηγήσει σε υπερφόρτωση πληροφοριών και αυξημένους περισπασμούς. Θα πρέπει να αξιολογούμε τακτικά τη χρήση της τεχνολογίας για να διασφαλίσουμε ότι ευθυγραμμίζεται με τους στόχους παραγωγικότητας. Αυτό μπορεί να περιλαμβάνει την οργάνωση των ψηφιακών αρχείων, την απενεργοποίηση των περιττών ειδοποιήσεων ή τον καθορισμό συγκεκριμένων ωρών για τον έλεγχο του ηλεκτρονικού ταχυδρομείου.

Η αυτοαξιολόγηση, ένα ισχυρό εργαλείο για την αύξηση της αυτογνωσίας, παρέχει πολύτιμες πληροφορίες σχετικά με τα πρότυπα συμπεριφοράς μας και τους τομείς που χρήζουν βελτίωσης. Θέτοντας σταθερά πρότυπα με μετρήσιμα αποτελέσματα, δημιουργούμε ένα περιβάλλον που ευνοεί την ανάπτυξη και την υπευθυνότητα. Η κατανόηση των λόγων πίσω από τις πράξεις μας είναι θεμελιώδης για την προώθηση διαρκών αλλαγών που μας βοηθούν να επιτύχουμε τους μακροπρόθεσμους στόχους μας. Αναγνωρίζοντας τη σύνδεση μεταξύ των πράξεων, των σκέψεων και των συναισθημάτων μας, μπορούμε να στρέψουμε την προσοχή μας σε ενέργειες που μας φέρνουν πιο κοντά στους στόχους μας, αποφεύγοντας την απόσπαση της προσοχής μας με τις πεζές πτυχές της καθημερινής ζωής.

Η παραγωγικότητά μας δεν έχει να κάνει μόνο με το τι κάνουμε ή πόσο αποτελεσματικοί είμαστε. Έχει επίσης να κάνει με το πώς αντιμετωπίζουμε τις προκλήσεις, μαθαίνουμε από τα λάθη μας και συνεχίζουμε να αναπτυσσόμαστε. Για όσους φοβούνται την αποτυχία, το να βλέπουμε τα λάθη και τις αποτυχίες ως ευκαιρίες για μάθηση και ανάπτυξη μπορεί να μειώσει την πίεση να είμαστε τέλειοι. Η αυτοαξιολόγηση προσφέρει αυτή την ευκαιρία, καθώς μπορεί να χρησιμοποιηθεί ως μέθοδος προσωπικής αξιολόγησης και να αποκτήσει μεγαλύτερη επίγνωση των κινητήριων εναύσματος και των στοιχείων που αποσπούν την προσοχή.

Εν κατακλείδι, συχνά συναντάμε αντίσταση όταν επιδιώκουμε τα όνειρά μας, αλλά η αυτογνωσία και τα προληπτικά μέτρα μπορούν να βοηθήσουν να την ξεπεράσουμε. Για να είμαστε παραγωγικοί, χρειαζόμαστε έναν καλό χώρο εργασίας, να γνωρίζουμε πώς να χρησιμοποιούμε την τεχνολογία μας και να διαθέτουμε χρόνο για να κάνουμε απολογισμό του εαυτού μας. Η παραγωγικότητα δεν έχει να κάνει μόνο με το να είμαστε γρήγοροι, αλλά και με το να αναπτυσσόμαστε και να βελτιωνόμαστε.

41

Κεφάλαιο 9: Ξεπερνώντας το αυτοσαμποτάζ

Ο καθορισμός ρεαλιστικών προσδοκιών και η αποδοχή της ατέλειας μπορούν να μειώσουν σημαντικά το άγχος κατά την έναρξη ή την ολοκλήρωση εργασιών. Η αυτογνωσία προάγει την προσωπική ανάπτυξη, ενώ οι ψευδαισθήσεις που δημιουργούμε συχνά οδηγούν στη μετάνοια. Όταν τα κίνητρα μειώνονται, είναι ζωτικής σημασίας να επανασυνδεθούμε με τους λόγους που μας οδήγησαν να θέσουμε εξαρχής τους στόχους μας. Η επανασύνδεση με τα εγγενή κίνητρα και τις φιλοδοξίες που μας ενέπνευσαν αρχικά μπορεί να αναζωπυρώσει το ενδιαφέρον και τον ενθουσιασμό. Η εισαγωγή ποικιλίας και καινοτομίας στη ρουτίνα μας μπορεί επίσης να αναζωπυρώσει αυτή τη σπίθα. Η ενασχόληση με νέες δραστηριότητες ή η αλλαγή της προσέγγισής μας σε υπάρχοντα καθήκοντα παρέχει μια νέα προοπτική και ανανεωμένο κίνητρο.

Όταν αυτές οι στρατηγικές δεν αποδίδουν, είναι σημαντικό να αναγνωρίσουμε ότι η αναβλητικότητα μπορεί να προέρχεται από ψυχολογικούς παράγοντες που έχουν τις ρίζες τους σε τραύματα του παρελθόντος, φόβους, άγχη και αυτοκαταστροφικές συμπεριφορές που επηρεάζονται από πεποιθήσεις ή αυτοεικόνες που εκδηλώνονται στις σκέψεις και τις πράξεις μας. Η αντιμετώπιση του εξιδανικευμένου εαυτού μας μέσω του οραματισμού, δημιουργώντας μια νοητική εικόνα των επιθυμητών επιτευγμάτων μας, μας επιτρέπει να εμβαθύνουμε στο υποσυνείδητό μας και να προβληματιστούμε σχετικά με το τι μας κρατάει πίσω. Η διαδικασία αυτή ξεκινά με την αναγνώριση των συναισθημάτων μας και την αποδοχή ότι μας οδηγούν στην πηγή τους. Τα συναισθήματα μας οδηγούν στις αναμνήσεις μας, όπου ανακαλύπτουμε εκ νέου ξεχασμένες επιρροές στις αυτοκαταστροφικές επιλογές και συμπεριφορές μας.

Για παράδειγμα, η έντονη αντίθεση μιας οικογένειας στις ιδέες μας και οι επενδύσεις μας σε τρέχουσες προσπάθειες μπορεί να δημιουργήσουν έναν έντονο φόβο απόρριψης. Αυτός ο φόβος μπορεί να μας εμποδίσει να εγκαταλείψουμε τη ζώνη άνεσής μας ή να επιδιώξουμε πιο φιλόδοξους οικονομικούς στόχους, ακόμη και όταν η αντίθεσή τους δεν έχει πλέον αντίκτυπο στη ζωή μας. Ομοίως, η κοινωνική απόρριψη σε περιόδους αφθονίας μπορεί να μας αφήσει τραυματισμένους και να φοβόμαστε να γίνουμε πλουσιότεροι εξαιτίας παλαιότερων εμπειριών προσβολών και βίας. Οι φόβοι μας δεν έχουν πάντα λογική βάση, αλλά το υποσυνείδητό μας δεν κάνει διάκριση μεταξύ πραγματικών και φανταστικών απειλών. Στην πραγματικότητα, τα τραύματα, οι φόβοι και τα άγχη που κουβαλάμε λειτουργούν ως η φυσική άμυνα του σώματός μας για να μας προστατεύσει από βλάβες, είτε πραγματικές είτε φανταστικές.

Ο φόβος είναι ένα έμφυτο ένστικτο επιβίωσης και όσοι δεν τον έχουν συχνά συναντούν δυστυχισμένα το τέλος της ζωής. Για παράδειγμα, η λήψη selfies από επικίνδυνα ύψη, η οδήγηση μοτοσικλέτας χωρίς κράνος ή η οδήγηση χωρίς να λαμβάνονται υπόψη οι άλλοι στο δρόμο είναι παραδείγματα ανθρώπων που αδιαφόρησαν για το φόβο τους με αποτέλεσμα να πεθάνουν. Ο φόβος και το άγχος είναι θεμελιώδεις πτυχές του σώματος και του νου που εγγυώνται την επιβίωσή μας. Το σώμα δεν θα δώσει προτεραιότητα σε ένα όνειρο έναντι της δικής του επιβίωσης. Επομένως, είναι ζωτικής σημασίας να αντιμετωπίζουμε και να εξουδετερώνουμε τους φόβους και τα άγχη μας καθώς επιδιώκουμε τους στόχους μας.

Είναι εξίσου σημαντικό να εξετάσουμε πώς τα όνειρά μας συμβάλλουν στην επιβίωσή μας. Πολλοί άνθρωποι αντιμετωπίζουν οικονομικές δυσκολίες και αποτυγχάνουν να πραγματοποιήσουν τα όνειρά τους εξαιτίας αντικρουόμενων πεποιθήσεων σχετικά με την επιβίωση. Για παράδειγμα, παρόλο που τα χρήματα μπορούν να βελτιώσουν τη ζωή μας, πολλοί άνθρωποι έχουν τη βαθιά ριζωμένη πεποίθηση ότι η συσσώρευση πλούτου είναι εγωιστική και θα επιβαρύνει τις φιλίες, θα έχει ως αποτέλεσμα την απώλεια του σεβασμού από τα μέλη της οικογένειας, ακόμη και την απόρριψη από τη θρησκευτική κοινότητα. Ως αποτέλεσμα, δίνουν προτεραιότητα στην κοινωνική θέση έναντι των οικονομικών δυσκολιών. Αντί να εστιάζουν στη συσσώρευση πλούτου, πολλά άτομα εκτιμούν το να έχουν μια ανεπτυγμένη κοινωνική ζωή και να χαίρουν σεβασμού. Συχνά, τα άτομα αυτά παρηγορούνται διατηρώντας μια μη ικανοποιητική ή μίζερη δουλειά, ακόμη και αν δεν το παραδέχονται ανοιχτά.

Αν και η απόκλιση από τα κοινωνικά πρότυπα του περιβάλλοντος μπορεί να οδηγήσει σε αποτυχία, η αποτυχία αυτή οφείλεται συνήθως στην αυτοκαταστροφή και την αναβλητικότητα, παρά στην ατυχία. Η αλήθεια είναι ότι πίσω από κάθε ιστορία κάποιου που απέτυχε να χτίσει μια επιτυχημένη επιχείρηση, υπάρχει ένα άτομο που έδωσε προτεραιότητα στην άνεση έναντι της σκληρής εργασίας και παραμέλησε το αίσθημα ευθύνης του. Αντ' αυτού, επικεντρώθηκαν στην κοινωνική και οικογενειακή τους εικόνα. Το έκαναν αυτό επειδή επέλεξαν την προσαρμογή από τη δράση.

Ισχυριζόμενοι ότι αποτύχαμε, συχνά εξαπατούμε τον εαυτό μας και τους άλλους σχετικά με τους πραγματικούς λόγους της πτώσης μας. Αυτό ισχύει ιδιαίτερα όταν αναλογιστούμε ότι η πραγματική αποτυχία συμβαίνει μόνο όταν παραιτούμαστε. Πριν από την αποτυχία, οι άνθρωποι συχνά αναζητούν εσωτερικές ή εξωτερικές δικαιολογίες για τα αποτελέσματά τους, αρρωσταίνουν τον εαυτό τους ή πείθουν τους άλλους να αλλάξουν τις συνθήκες. Οι άνθρωποι συχνά αναζητούν δικαιολογίες για να τα παρατήσουν, αντί να αναλάβουν την ευθύνη των πράξεών τους. Θέλουν να αποφύγουν την αυτοκατηγορία και να εξηγήσουν τις αποτυχίες τους στους άλλους χωρίς να αισθάνονται υπεύθυνοι. Το να αναλάβουμε την ευθύνη για τις αποτυχίες μας σημαίνει να αναγνωρίσουμε ότι εμείς οι ίδιοι τις προκαλούμε, και οι άνθρωποι δεν το θέλουν αυτό, επειδή αυτό θα τους ανάγκαζε να αναλάβουν την ευθύνη για τα αποτελέσματά τους.

Εν ολίγοις, ο καθορισμός ρεαλιστικών προσδοκιών και η αποδοχή των ατελειών μπορούν να μειώσουν το άγχος και να αυξήσουν τα κίνητρα. Για να απελευθερωθούμε από τη συμπεριφορά αυτοσαμποτάζ, πρέπει να κατανοήσουμε τους ψυχολογικούς παράγοντες που κρύβονται πίσω από την αναβλητικότητα. Τα τραύματα και οι φόβοι του παρελθόντος μπορούν να εμποδίσουν την πρόοδό μας, γι' αυτό είναι ζωτικής σημασίας να τα αντιμετωπίσουμε και να τα εξουδετερώσουμε.

Κεφάλαιο 10: Αντιμετωπίζοντας το κοινωνικό σαμποτάζ και τη γνωστική δυσαναλογία

Δεν είναι ασυνήθιστο για τους ανθρώπους να σαμποτάρουν τις δικές τους επιτυχίες και εκείνες των άλλων, προκειμένου να πείσουν τον εαυτό τους για τη δική τους αλήθεια και να αποφύγουν τη γνωστική ασυμφωνία. Θυμάμαι, για παράδειγμα, πώς ορισμένες σχέσεις επηρέασαν αρνητικά την καριέρα μου ως συγγραφέας. Οι γυναίκες με τις οποίες έβγαινα, πίστευαν ότι ήμουν προορισμένος να αποτύχω και, προκειμένου να κάνουν αυτή την πεποίθηση να συμβαδίζει με την πραγματικότητα, με ενθάρρυναν να ξοδεύω χρήματα σε εξωφρενικά ταξίδια και δείπνα, ενώ συχνά έβρισκαν δικαιολογίες για να εμποδίσουν τα σχέδιά μου, εμποδίζοντας την ικανότητά μου να επιτύχω τους στόχους μου.

Αυτό το μοτίβο επεκτάθηκε και στα μέλη της οικογένειάς μου, τα οποία αρνήθηκαν να με υποστηρίξουν όταν αποφάσισα να πάω στο κολέγιο αφού ζούσα στους δρόμους. Αργότερα, αρνήθηκαν επίσης να με βοηθήσουν να ξεκινήσω μια επιχείρηση, αρνούμενοι να μου δώσουν τα κεφάλαια που χρειαζόμουν για να αγοράσω μια ήδη επιτυχημένη εταιρεία. Ακόμα και φίλοι εκείνη την εποχή προσπαθούσαν να με πείσουν ότι οι προσπάθειές μου ήταν μάταιες.

Όταν έπαιρνα καλούς βαθμούς, οι καθηγητές ακύρωναν τα αποτελέσματα των εξετάσεών μου, ισχυριζόμενοι ότι έπρεπε να τα επαναλάβω επειδή τόσοι πολλοί μαθητές είχαν αποτύχει. Ο πραγματικός λόγος ήταν ότι είχα τον υψηλότερο βαθμό και ότι η προσωπικότητά μου δεν ταίριαζε με το ιδεώδες του επιτυχημένου μαθητή. Δεν ταίριαζα με την ιδέα τους για το πώς πρέπει να συμπεριφέρεται ένας επιτυχημένος πολίτης ή πώς πρέπει να είναι η προσωπικότητά του. Επίσης, δεν είχα κανένα ιστορικό που να δικαιολογεί τα αποτελέσματά μου.

Οι άνθρωποι προσπαθούν να διατηρήσουν την εξιδανικευμένη άποψή τους για τον κόσμο, που συνδέεται με την κοινωνική θέση, την ιεραρχία και την τάξη, για να αποφύγουν τη δυσφορία του να κάνουν λάθος σε ό,τι πιστεύουν ότι είναι αληθινό. Προτιμούν να θυσιάσουν ένα μαύρο πρόβατο προς όφελος όλων των άλλων παρά να αποδεχτούν άβολες απόψεις. Κατά τη διάρκεια της ζωής μου, έχω παρατηρήσει ότι πολλοί άνθρωποι θα κάνουν τα πάντα για να εξασφαλίσουν την πτώση μας, ειδικά όταν πρόκειται για θρησκευτικές πεποιθήσεις.

Οι θρησκευτικοί οπαδοί συχνά υποστηρίζουν ότι ο πλούτος και η πνευματικότητα δεν πρέπει να συνυπάρχουν, ότι η σκληρή εργασία είναι ένδειξη έλλειψης πίστης και ότι πρέπει να βασίζεται κανείς αποκλειστικά στον Θεό. Ωστόσο, αυτές οι ιδέες είναι παράλογες και υπονοούν ότι η σκληρή δουλειά είναι εγγενώς λάθος. Κατά συνέπεια, επιδιώκουν να υπονομεύσουν όσους αμφισβητούν αυτές τις πεποιθήσεις μέσω του τρόπου ζωής τους, ακόμη και όταν τα άτομα αυτά απλώς αναγνωρίζουν και εκτιμούν τις θεϊκές ευλογίες στη ζωή τους για τις οποίες έχουν προσευχηθεί.

Πολλοί από αυτούς τους ανθρώπους προσπάθησαν επίσης να με εμποδίσουν να διαβάσω και να γράψω, ισχυριζόμενοι ότι προσφέρω κακές υπηρεσίες στην ανθρωπότητα και ότι τα μόνα αξιόλογα βιβλία έχουν ήδη γραφτεί. Κάποιοι μάλιστα μου πρότειναν να βρω μια «πραγματική» δουλειά και απέρριπταν τα γραπτά μου ως απλές προσωπικές απόψεις, διαφωνώντας με τις απόψεις μου. Έβαζαν την αλαζονεία τους πάνω από την αλήθεια, τις απόψεις τους πάνω από τις γνώσεις μου και αρνούνταν να συμμετάσχουν σε συζητήσεις, καθώς αυτό θα τους ανάγκαζε να παραδεχτούν τα δικά τους λάθη. Και, όπως συχνά ανακάλυπτα, διαφωνούσαν επίσης με τις απόψεις των ίδιων των ιδρυτών τους και έρχονταν σε αντίθεση με τα ίδια τους τα βιβλία.

Εκτός από τις διαφωνίες μεταξύ των μελών μιας συγκεκριμένης θρησκείας, βρίσκουμε ασάφειες σε πολύ αρχαίες γραφές, πολλές από τις οποίες έχουν μεταφραστεί με λάθος τρόπο. Αυτό σημαίνει ότι μπορούμε να έχουμε αντικρουόμενες ερμηνείες, ανάλογα με το ποιο τμήμα των θρησκευτικών βιβλίων επιλέγουμε να αναλύσουμε και πώς ερμηνεύουμε τις λέξεις σε αυτά τα αποσπάσματα. Στο Κατά Ματθαίον 6:24, για παράδειγμα, αναφέρεται: «Κανείς δεν μπορεί να υπηρετεί δύο κυρίους. Διότι δεν μπορείτε να υπηρετείτε δύο κυρίους: είτε μισείτε τον ένα και αγαπάτε τον άλλο, είτε είστε αφοσιωμένοι στον ένα και περιφρονείτε τον άλλο. Δεν μπορείτε να υπηρετείτε τον Θεό και το χρήμα». Ωστόσο, οι Παροιμίες 10:22 λένε: «Η ευλογία του

Κυρίου φέρνει πλούτο χωρίς οδυνηρό κόπο». Και ο Εκκλησιαστής 5:19 αναφέρει: «Όταν ο Θεός δίνει σε κάποιον πλούτο και αγαθά και την ικανότητα να τα εκτιμά, να αποδέχεται την τύχη του και να είναι ευτυχισμένος στην κατάστασή του, αυτό είναι δώρο του Θεού».

Δυστυχώς, η συντριπτική πλειονότητα των ανθρώπων αρνείται να προσαρμόσει το όραμά της για τον πλούτο και αντίθετα προσκολλάται στις δικές της ερμηνείες για να αποφύγει να παραδεχτεί τα δικά της λάθη, να ντραπεί και να αναζητήσει τη συμμόρφωση στις σχέσεις και τις απόψεις της. Ως αποτέλεσμα, η διαφωνία με μια ομάδα συχνά σημαίνει εξοστρακισμό. Όσο περισσότερο αφοσιώθηκα στην προσωπική ανάπτυξη και βελτίωση, τόσο περισσότερο έχασα φιλίες, ακόμη και τον σεβασμό μελών της οικογένειας, τα οποία άρχισαν να διαδίδουν φήμες για την υποτιθέμενη κακία μου. Αυτή η συμπεριφορά πηγάζει από το γεγονός ότι όταν οι άνθρωποι δεν σας συμπαθούν, καταφεύγουν στη συκοφαντία και τη δυσφήμιση, ακόμη και αν κάποτε δήλωναν ότι σας αγαπούν. Αυτή η συμπεριφορά μπορεί επίσης να σχετίζεται με το φθόνο και τη δυσαρέσκεια για τις δικές τους αποτυχίες.

Εν ολίγοις, οι άνθρωποι συχνά σαμποτάρουν την επιτυχία των άλλων προκειμένου να διατηρήσουν τις δικές τους πεποιθήσεις και να αποφύγουν τη γνωστική ασυμφωνία. Αυτή η συμπεριφορά μπορεί να πάρει πολλές μορφές, όπως η υποτίμηση των ανθρώπων ή η διάδοση φημών, και μπορεί να τροφοδοτείται από θρησκευτικές πεποιθήσεις, κατά τις οποίες οι άνθρωποι μπορεί να αγνοούν ή ακόμη και να επιτίθενται σε όσους διαφωνούν μαζί τους.

Κεφάλαιο 11: Ψυχολογική προκατάληψη και η επίδρασή της στην κοινωνία

Οι άνθρωποι είναι θεμελιωδώς συναισθηματικά πλάσματα που συχνά αγνοούν όλα όσα έχετε κάνει γι' αυτούς προς όφελος της καταπίεσης των συναισθημάτων ανεπάρκειας, ιδίως αν πρόκειται για αλαζονεία. Δυστυχώς, πολλοί άνθρωποι που συναντάμε στρέφονται εναντίον μας μόλις πετύχουμε αυτό που εκείνοι δεν έκαναν ποτέ ή εγκατέλειψαν να κάνουν. Κατατρώγονται από συναισθήματα ανεπάρκειας, κατωτερότητας και αποτυχίας.

Το φαινόμενο αυτό δεν περιορίζεται στα άτομα, αλλά επεκτείνεται σε ομάδες και έθνη. Τα έθνη συχνά λεηλατούν και αποικίζουν άλλα για τους πόρους τους. Αντί να κοιτάξουν μέσα τους και να αναλογιστούν τις επιλογές τους, οι περισσότεροι άνθρωποι προβάλλουν τα αρνητικά τους συναισθήματα στους άλλους, κατηγορώντας τους για τα συναισθήματά τους, σαν να ήταν αυτοί η αιτία. Αυτός είναι ο λόγος για τον οποίο υπάρχει τόση εχθρότητα όταν επιτυγχάνουμε.

Οι άνθρωποι δεν αναγνωρίζουν ποτέ τη σκληρή δουλειά, τις αποτυχίες, τις θυσίες και τον πόνο που υπέστησαν για να επιτύχουν την επιτυχία. Απλώς πιστεύουν ότι δεν αξίζετε αυτό που έχετε, αλλά ότι το αξίζουν εκείνοι. Συχνά, πιστεύουν επίσης ότι το σύμπαν είναι σπάνιο και περιορισμένο και ότι παίρνουμε αυτό που αρχικά προοριζόταν γι' αυτούς ή ότι πρέπει να το έχουν χωρίς ιδιαίτερο λόγο.

Η κοινωνική ανισότητα είναι ένα παγκόσμιο πρόβλημα που συμβάλλει στην εγκληματικότητα και τη βία, όπως και οι πολιτικές ιδέες που εξαθλιώνουν τα έθνη στο όνομα του κοινού καλού, όπως ο κομμουνισμός. Σε χώρες όπως οι Φιλιππίνες, όπου η φτώχεια είναι ευρέως διαδεδομένη, ο δανεισμός χρημάτων οδηγεί συχνά σε δολοφονίες από εκείνους που δεν έχουν την οικονομική δυνατότητα να τα επιστρέψουν. Στη Βραζιλία, το πλουσιότερο 10% κατέχει περισσότερο από το 40% του εθνικού εισοδήματος, ενώ το φτωχότερο 50% κατέχει λιγότερο από το 10%. Αυτή η ανισότητα συνδέεται στενά με το υψηλό ποσοστό ανθρωποκτονιών της Βραζιλίας, το οποίο ξεπέρασε τα 40.000 θύματα το 2023, ένα από τα υψηλότερα στον κόσμο.

Μελέτες κοινωνικής ψυχολογίας δείχνουν ότι οι άνθρωποι συχνά κατηγορούν εξωτερικούς παράγοντες για τις αποτυχίες τους. Αυτό το φαινόμενο, γνωστό ως προκατάληψη του εγώ, μπορεί να οδηγήσει σε εχθρότητα και δυσαρέσκεια προς τους επιτυχημένους ανθρώπους. Για παράδειγμα, έρευνα των Miller και Ross (1975) έδειξε ότι οι άνθρωποι τείνουν να παίρνουν τα εύσημα για τις επιτυχίες τους, αλλά κατηγορούν εξωτερικούς παράγοντες για τις αποτυχίες τους, γεγονός που μπορεί να τους οδηγήσει στην προβολή αρνητικών συναισθημάτων στους άλλους.

Αντίθετα, μια έκθεση του 2011 από το Γραφείο των Ηνωμένων Εθνών για τα Ναρκωτικά και το Έγκλημα (UNODC) διαπίστωσε ότι οι ασφαλείς κοινότητες προάγουν την αίσθηση της ευημερίας και της ασφάλειας, η οποία μπορεί να οδηγήσει σε υψηλότερα επίπεδα κοινωνικής συνοχής και παραγωγικότητας. Οι άνθρωποι που αισθάνονται ασφαλείς είναι πιο πιθανό να συμμετέχουν σε κοινοτικές δραστηριότητες και να συνεισφέρουν στην τοπική οικονομία. Επιπλέον, μια μελέτη του Harvard Business School (1999) διαπίστωσε ότι η ψυχολογική ασφάλεια στο χώρο εργασίας συνδέεται με αυξημένη παραγωγικότητα. Οι εργαζόμενοι που αισθάνονται ασφαλείς και υποστηριζόμενοι είναι πιο πιθανό να αναλάβουν κινδύνους, να καινοτομήσουν και να συνεργαστούν αποτελεσματικά.

Για τους λόγους αυτούς, η μετεγκατάσταση μπορεί να επηρεάσει σημαντικά την ευημερία και την παραγωγικότητά μας. Όταν η μετεγκατάσταση δεν αποτελεί επιλογή, ένας πρακτικός τρόπος για να αυξήσουμε την εσωτερική μας γαλήνη είναι ο διαλογισμός. Η τακτική πρακτική του διαλογισμού εκπαιδεύει το μυαλό να συγκεντρώνεται και μειώνει τους περισπασμούς. Ένας απλός διαλογισμός περιλαμβάνει να κάθεστε ήσυχα για λίγα λεπτά, να εστιάζετε στην αναπνοή και να ανακατευθύνετε απαλά το μυαλό όταν αυτό περιπλανιέται. Αυτή η πρακτική όχι μόνο ηρεμεί το μυαλό, αλλά και ενισχύει την ικανότητά σας να συγκεντρώνεστε σε εργασίες. Μελέτες έχουν δείξει ότι ακόμη και σύντομες καθημερινές συνεδρίες διαλογισμού μπορούν να οδηγήσουν σε καλύτερη προσοχή και γνωστική ευελιξία, τα οποία είναι κρίσιμα για την παραγωγικότητα.

Μια μελέτη που δημοσιεύθηκε στο περιοδικό Research in Psychiatry διαπίστωσε ότι οι συμμετέχοντες που διαλογίζονταν για 10 λεπτά καθημερινά επί δεκαπέντε ημέρες παρουσίασαν σημαντικές βελτιώσεις στην προσοχή και τη μνήμη. Μια άλλη μελέτη, που διεξήχθη στο Πανεπιστήμιο της Βόρειας Καρολίνας στο Σάρλοτ, διαπίστωσε ότι ακόμη και σύντομες συνεδρίες διαλογισμού ενσυνειδητότητας μπορούν να βελτιώσουν τη γνωστική λειτουργία, συμπεριλαμβανομένης της διαρκούς προσοχής και της εκτελεστικής λειτουργίας. Ωστόσο, η ενσυνείδητη παρατήρηση είναι μια εξίσου αποτελεσματική μέθοδος για τη βελτίωση της ψυχικής ευεξίας. Αυτό περιλαμβάνει τη λήψη μιας στιγμής για να σταματήσετε και να παρατηρήσετε το περιβάλλον, τις σκέψεις και τα συναισθήματά σας χωρίς να κρίνετε.

Για παράδειγμα, όταν αισθάνεστε την ανάγκη να αναβάλλετε, πάρτε μερικές βαθιές αναπνοές και επικεντρωθείτε στις αισθήσεις στο σώμα σας, στις σκέψεις που περνούν από το μυαλό σας και στα συναισθήματα που νιώθετε. Αυτή η πρακτική μπορεί να είναι ακόμη πιο αποτελεσματική σε εξωτερικούς χώρους, όπως το να καθίσετε δίπλα σε μια λίμνη, ένα ποτάμι ή έναν ωκεανό και να νιώσετε το αεράκι στο δέρμα σας. Σας βοηθά να απεμπλακείτε από τις άμεσες παρορμήσεις και να κάνετε πιο συνειδητές επιλογές.

Εν ολίγοις, οι άνθρωποι συχνά προβάλλουν τα αρνητικά τους συναισθήματα σε επιτυχημένες προσωπικότητες, κατηγορώντας τες για τις δικές τους αποτυχίες και ελλείψεις. Το φαινόμενο αυτό, που τροφοδοτείται από εγωιστικές προκαταλήψεις και τη νοοτροπία της έλλειψης, δημιουργεί εχθρότητα και δυσαρέσκεια. Ευτυχώς, πρακτικές όπως ο διαλογισμός και η προσεκτική παρατήρηση μπορούν να αυξήσουν την ευημερία και την παραγωγικότητα.

Κεφάλαιο 12: Αντιμετωπίζοντας το σύνδρομο του απατεώνα

Η σαφήνεια του σκοπού μπορεί να μειώσει σημαντικά τα συναισθήματα καταπίεσης και αναβλητικότητας. Για παράδειγμα, αντί να θέσετε έναν ασαφή στόχο όπως «να εργαστώ στο έργο», θα μπορούσατε να ορίσετε «να ολοκληρώσω το πρώτο προσχέδιο της εισαγωγής μέχρι το μεσημέρι». Αυτή η εξειδίκευση παρέχει κατεύθυνση και καθιστά το έργο πιο διαχειρίσιμο. Επιπλέον, εξετάζοντας προσεκτικά τα εναύσματα της αναβλητικότητας, τις αδυναμίες και τις στιγμές μειωμένης πνευματικής διαύγειας, μπορούμε να αναπτύξουμε αποτελεσματικές στρατηγικές για να τις ξεπεράσουμε. Εντοπίζοντας τις συγκεκριμένες ώρες της ημέρας κατά τις οποίες είμαστε λιγότερο παραγωγικοί, μπορούμε να αποφύγουμε σημαντικές εργασίες κατά τη διάρκεια αυτών των ωρών και αντ' αυτού να ασχοληθούμε με ευκολότερες ή πιο ψυχαγωγικές δραστηριότητες.

Αυτή η αίσθηση ευθύνης, σε συνδυασμό με την αυτοαξιολόγηση, μας επιτρέπει να ενεργούμε προληπτικά αντί να αντιδρούμε στην αναβλητικότητα. Δεν πρέπει να κατηγορούμε τον εαυτό μας για τα αποτελέσματά μας, αλλά να κατανοούμε πώς το σώμα και το μυαλό μας ανταποκρίνονται σε αυτά. Για παράδειγμα, όταν φτάνω σε μια νέα χώρα, μπορεί να χρειαστεί κάποιος χρόνος για να βρω το ιδανικό περιβάλλον εργασίας. Δεν αισθάνομαι παντού την ίδια ενέργεια, και ορισμένες είναι αναμφίβολα πιο ευνοϊκές για την παραγωγικότητά μου από άλλες. Παρόλο που σε ορισμένα μέρη μπορεί να αισθάνομαι καταβεβλημένη και εξαντλημένη, σε άλλα μέρη μπορώ να είμαι ιδιαίτερα παραγωγική και συγκεντρωμένη. Αλλά αντί να χάνω χρόνο προσπαθώντας να καταλάβω το γιατί, επικεντρώνομαι στην επιλογή του κατάλληλου περιβάλλοντος.

Πολλοί άνθρωποι ξοδεύουν υπερβολικά πολύ χρόνο ψάχνοντας για εξηγήσεις και απογοητεύονται όταν δεν τις βρίσκουν. Πιστεύουν ότι όλα χρειάζονται ένα «γιατί» και ένα «πώς» προτού δράσουν. Ως αποτέλεσμα, αποφεύγουν να εξερευνούν πράγματα που δεν μπορούν να εξηγήσουν στους άλλους. Συνδέουν την επιτυχία με την ύπαρξη ενός σχεδίου και δυσκολεύονται να φανταστούν τη ζωή χωρίς σχέδιο. Ωστόσο, αυτή η νοοτροπία δημιουργεί μια προβλέψιμη πορεία που συχνά οδηγεί στην αποτυχία. Μια απλή αλλαγή εστίασης μπορεί να οδηγήσει σε μεγαλύτερη επιτυχία.

Αντιστέκονται στην αλλαγή της νοοτροπίας τους επειδή έρχεται σε αντίθεση με μια θεμελιώδη πτυχή της προσωπικότητάς τους. Το σύστημα πεποιθήσεών τους είναι συνυφασμένο με τη διαδικασία λήψης αποφάσεων και η αλλαγή της νοοτροπίας τους θα έθετε σε κίνδυνο όχι μόνο την αξία των προηγούμενων αποφάσεών τους, αλλά και την αίσθηση της αυθεντικότητάς τους. Αυτή η αντίσταση είναι η βασική αιτία του συνδρόμου του απατεώνα, ενός ψυχολογικού προτύπου στο οποίο τα άτομα αμφιβάλλουν για τις ικανότητες, τα ταλέντα ή τις ικανότητές τους και φοβούνται ότι θα αποκαλυφθούν ως απατεώνες. Παρά τις αποδείξεις για την ικανότητά τους, παραμένουν πεπεισμένοι ότι δεν αξίζουν τα επιτεύγματά τους, αποδίδουν την επιτυχία στην τύχη και όχι στην ικανότητα και φοβούνται ότι θα εκτεθούν ως ανίκανοι.

Η υπέρβαση του συνδρόμου του απατεώνα προϋποθέτει την αλλαγή των μοτίβων σκέψης μας, όπως η ανάγκη για ένα σχέδιο ή μια εξήγηση για τις πράξεις μας. Όσο λιγότερο αισθάνεστε την ανάγκη να δικαιολογήσετε τις αποφάσεις, τις σκέψεις και τα αποτελέσματά σας, τόσο πιο πιθανό είναι να πετύχετε τους στόχους σας. Η εξήγηση των πραγμάτων στους άλλους σας κάνει να μετατοπίζετε την εστίασή σας από την αναζήτηση ευκαιριών στην αναζήτηση έγκρισης. Αυτή η ευθυγράμμιση με μοτίβα αποτυχίας συμβαίνει κάθε φορά που αισθάνεστε την ανάγκη να δικαιολογήσετε τις σκέψεις και τις αποφάσεις σας σε άλλους ανθρώπους.

Οι επιτυχημένοι άνθρωποι συχνά δυσκολεύονται να κάνουν φυσιολογικές συζητήσεις με όσους δεν μοιράζονται τη νοοτροπία τους. Ως αποτέλεσμα, μπορεί να συνειδητοποιήσουν ότι έχουν λιγότερους φίλους ή ότι είναι μόνοι στο ταξίδι τους προς την επιτυχία. Γενικά αποφεύγουμε τα πράγματα και τους ανθρώπους που δεν καταλαβαίνουμε ή που δεν μπορούμε να ελέγξουμε. Για να ξεπεράσουμε τις προκλήσεις πρέπει να ξεπεράσουμε την αμφιβολία, έναν ύπουλο εχθρό που ψιθυρίζει ψέματα, εμποδίζει την πρόοδο και παραλύει τη δράση, ενώ παράλληλα πρέπει να αντιμετωπίσουμε τους περιορισμούς της κατανόησης των άλλων και τον τρόπο με τον οποίο χρησιμοποιούν αυτούς τους περιορισμούς για να μας πείσουν ότι εμείς κάνουμε λάθος και αυτοί έχουν δίκιο.

Τα ανθρώπινα όντα είναι κατά βάση εγωκεντρικά, εγωιστικά και καθοδηγούνται από την ανάγκη για αποδοχή και άνεση. Για το λόγο αυτό, τείνουν να εκλογικεύουν τις πεποιθήσεις τους και να συμμορφώνονται με νευρολογικά μονοπάτια που έχουν παγιωθεί με τα χρόνια, αντί να αλλάζουν. Η αλλαγή θα ακύρωνε όχι μόνο τους ίδιους, αλλά και όλους όσοι τους έχουν πείσει ότι ο τρόπος σκέψης τους είναι σωστός. Μάλιστα, μπορεί να αντιδράσουν βίαια όταν έρχονται αντιμέτωποι με την αλήθεια που δεν μπορούν να αποδεχτούν, επειδή την αντιλαμβάνονται ως προσβολή του status quo και απειλή για την κοινωνική τους ταυτότητα. Τα βίαια ξεσπάσματά τους είναι ψυχολογικοί μηχανισμοί άμυνας που αποσκοπούν στην προστασία τους από την τρέλα, καθώς φοβούνται τι μπορεί να αποκαλύψει η αλήθεια για τους ίδιους και τους ανθρώπους που έχουν εμπιστευτεί.

Εν ολίγοις, η κατανόηση του σκοπού πίσω από τις ενέργειές μας και η αναγνώριση των εναυσμάτων που οδηγούν στην αναβλητικότητα είναι το κλειδί για να ξεπεράσουμε την αμφιβολία και να επιτύχουμε την επιτυχία. Το σύνδρομο του απατεώνα, το οποίο πηγάζει από τη συνεχή ανάγκη για δικαιολόγηση και έγκριση, μπορεί να μας εμποδίσει να πάρουμε ρίσκα και να αγκαλιάσουμε νέες ευκαιρίες. Για να ξεφύγουμε από αυτόν τον κύκλο, πρέπει να αντιμετωπίσουμε την αυτοαμφισβήτησή μας, να αμφισβητήσουμε τα κοινωνικά πρότυπα και να επικεντρωθούμε στην προσωπική μας ανάπτυξη αντί να αναζητούμε εξωτερική επικύρωση.

Κεφάλαιο 13: Ξεπερνώντας την αυτοαμφισβήτηση μέσω της ενδοσκόπησης και της αποδοχής

Κανείς δεν αντιδρά πιο επιθετικά στην αλήθεια από κάποιον που έχει επανειλημμένα αποτύχει. Εκείνοι που αποτυγχάνουν συχνά αποφεύγουν να αντιμετωπίσουν τις αποτυχίες τους επειδή αυτές προκαλούν συντριπτικά αρνητικά συναισθήματα από τα οποία έχουν απομακρυνθεί προσεκτικά. Τα συναισθήματα αυτά συνδέονται με θαμμένες μνήμες απογοήτευσης, προδοσίας ή κακοποίησης. Οι άνθρωποι που έχουν αποτύχει πολύ συχνά καταπιέζονται από αναμνήσεις που θέλουν να καταπιέσουν πάση θυσία. Στη συνέχεια κατασκευάζουν μια ταυτότητα γύρω από την καταπίεση αυτών των συναισθημάτων και αναμνήσεων, προκειμένου να κερδίσουν την κοινωνική αποδοχή.

Κανείς δεν παρουσιάζει μεγαλύτερη βιτρίνα για την πραγματική του ταυτότητα από κάποιον που ντρέπεται για το παρελθόν του. Τα άτομα αυτά αποτυγχάνουν όχι επειδή δεν έχουν επίγνωση, αλλά επειδή φοβούνται να αποκαλυφθούν στους άλλους και στον εαυτό τους. Η αλήθεια τους φοβίζει επειδή τους φέρνει αντιμέτωπους με τις ανεπάρκειες και τις οδυνηρές αναμνήσεις τους. Ένα και μόνο τραύμα μπορεί να καθορίσει ολόκληρη την ύπαρξη κάποιου. Μόλις αποκαλυφθεί και ξεπεραστεί, ωστόσο, μπορεί να αλλάξει εντελώς την προσωπικότητα ενός ατόμου και να το οδηγήσει σε απροσδόκητα μονοπάτια.

Οι υγιείς άνθρωποι είναι συχνά απροσδόκητοι και απρόβλεπτοι, επειδή μπορούν να αναλάβουν την ευθύνη για τις επιλογές τους και να αποδεχτούν το παρελθόν τους, όσο ντροπιαστικό ή τραυματικό κι αν είναι. Από την άλλη πλευρά, οι πιο ανθυγιεινοί άνθρωποι γίνονται εξαιρετικά προβλέψιμοι λόγω της ανικανότητάς τους να αλλάξουν και να κάνουν ενδοσκόπηση. Εκείνοι που αρνούνται την ευθύνη είναι συχνά ανίκανοι να το κάνουν επειδή φοβούνται τις συνέπειες των λαθών και των τραυμάτων του παρελθόντος τους. Αυτός ο φόβος τους εμποδίζει να αντιμετωπίσουν τις αναμνήσεις τους και να αποδεχτούν τα συναισθήματα που προκαλούν, κάτι που είναι απαραίτητο για να υπερβούν αυτές τις αναμνήσεις και να αγκαλιάσουν το μέλλον με απόλυτη ευθύνη για τις προσωπικές τους πράξεις.

Για να επιτύχουμε την αλλαγή και να ξεπεράσουμε την αμφιβολία, είναι απαραίτητο να αντιμετωπίσουμε τους φόβους μας και να αποδεχτούμε το παρελθόν. Παρόλο που η εύρεση του κατάλληλου θεραπευτή μπορεί να επιταχύνει τη διαδικασία, επιτρέποντάς μας να αντιμετωπίσουμε και να επιλέξουμε να θυμηθούμε τα πράγματα που θα προτιμούσαμε να ξεχάσουμε, το θεραπευτικό αποτέλεσμα είναι άσχετο αν εξακολουθεί να μην υπάρχει η βούληση να αναλάβουμε την ευθύνη για τη ζωή μας, επαναπρογραμματίζοντας το μυαλό μας και αναμορφώνοντας τη σχέση μας με τον εαυτό μας. Το ταξίδι στα βάθη του υποσυνειδήτου μας, όπου ο αυθεντικός μας εαυτός είναι συχνά θαμμένος κάτω από στρώματα τραυμάτων, απαιτεί μια συνειδητή απόφαση να επαναπρογραμματίσουμε το μυαλό μας και να αναδιαμορφώσουμε την αίσθηση του εαυτού μας.

Το πρώτο κρίσιμο βήμα είναι να εντοπίσουμε την πηγή της ανασφάλειας. Η αμφιβολία δεν είναι ένα εγγενές ελάττωμα, αλλά μια μαθημένη συμπεριφορά, που επηρεάζεται από τις εξωτερικές πιέσεις και την εσωτερίκευση της αρνητικότητας. Αν και οι γνώμες των άλλων είναι σημαντικές, δεν πρέπει να καθορίζουν την αυτοεκτίμησή μας. Η κοινωνική επικύρωση, αν και δελεαστική, είναι εφήμερη και αναξιόπιστη. Η αληθινή αυτοεκτίμηση προέρχεται από την εσωτερική επικύρωση, δηλαδή την αναγνώριση της εγγενούς αξίας και των δυνατοτήτων μας. Για να το πετύχουμε αυτό, απαιτείται σταθερή δέσμευση για αυτοβελτίωση.

Η αρνητική αυτο-ομιλία, που χαρακτηρίζεται από ένα συνεχή καταιγισμό επικριτικών σχολίων, μπορεί να αποτελέσει ένα τρομερό εμπόδιο που ενισχύει την αυτο-αμφισβήτηση. Είναι σημαντικό να την εντοπίζουμε και να την αμφισβητούμε, αντικαθιστώντας την με επιβεβαιώσεις δύναμης και ικανότητας. Αυτή η γνωστική αναδιάρθρωση είναι απαραίτητη για την καταπολέμηση της αμφιβολίας, διότι, αν και το μυαλό μας είναι ισχυρό εργαλείο, επηρεάζεται εύκολα από αρνητικές προκαταλήψεις και εξαρτημένα πρότυπα. Για να το ξεπεράσουμε αυτό, πρέπει να καλλιεργήσουμε μια σαφή επίγνωση των διαδικασιών της σκέψης μας. Η αλλαγή της αντίληψης μειώνει το άγχος και προάγει την αυτοπεποίθηση και τη διαύγεια.

Μπορείτε επίσης να ανατρέξετε σε ευτυχισμένες στιγμές της ζωής σας και να προσπαθήσετε να καταλάβετε γιατί σας έκαναν να νιώσετε έτσι. Είναι πιθανό να ανακαλύψετε στρώματα πόνου και απογοήτευσης που υπονόμευσαν την ουσία σας, σας οδήγησαν σε απρόβλεπτα μονοπάτια και μπορούν ακόμα να επηρεάσουν τις τρέχουσες αντιλήψεις και επιλογές σας. Είναι σημαντικό να αγκαλιάσετε το άγνωστο στον εαυτό σας και στον κόσμο, καθώς και να αποδεχτείτε την πιθανότητα αποτυχιών, τόσο σε σχέση με τους άλλους όσο και σε σχέση με τον εαυτό σας.

Αυτή είναι η ουσία της συγχώρεσης. Δεν έχει να κάνει με τη λήθη, αλλά με την αναγνώριση των περιορισμών των άλλων και του εαυτού μας. Η χριστιανική προσευχή της συγχώρεσης των άλλων, όπως ζητάμε από τον Θεό να μας συγχωρήσει, θα πρέπει να ερμηνεύεται ως αναγνώριση των περιορισμών των άλλων, όπως ακριβώς αναγνωρίζουμε τις δικές μας ατέλειες. Στην πραγματικότητα, η πρώτη γνωστή γραπτή καταγραφή της προσευχής του Κυρίου στα Κινέζικα, τη γλώσσα της Καινής Διαθήκης, που βρίσκεται στα Ευαγγέλια του Ματθαίου και του Λουκά, υποδηλώνει ότι η φράση μεταφράζεται με μεγαλύτερη ακρίβεια ως «Συγχωρήστε μας τα παραπτώματα, καθώς και εμείς συγχωρούμε τους οφειλέτες μας», η οποία ανταποκρίνεται περισσότερο στην έννοια της ατέλειας.

Εν ολίγοις, τα άτομα που αποφεύγουν να αντιμετωπίσουν τις αποτυχίες τους συχνά το κάνουν για να καταστείλουν αρνητικά συναισθήματα και αναμνήσεις, δημιουργώντας μια ψευδή αίσθηση κοινωνικής αποδοχής. Για να ξεπεράσετε πραγματικά την αυτοαμφισβήτηση, ωστόσο, πρέπει να εντοπίσετε την υποκείμενη αιτία της και να αμφισβητήσετε τα αρνητικά μοτίβα σκέψης. Η συγχώρεση, όχι ως λήθη αλλά ως αναγνώριση της ατέλειας, είναι ζωτικής σημασίας για να απελευθερωθούμε από την τάση αυτοσαμποτάζ.

Κεφάλαιο 14: Το πνευματικό νόημα της συγχώρεσης

Σ την αρχαία ελληνική κοινωνία, η έννοια του χρέους (ὀφειλήματα - opheilēmata) είχε τεράστια σημασία, περιλαμβάνοντας όχι μόνο οικονομικές υποχρεώσεις, αλλά και άλλες ηθικές ευθύνες. Κάλυπτε ένα ευρύ φάσμα ηθικών και κοινωνικών υποχρεώσεων, συμπεριλαμβανομένων εκείνων προς τους θεούς, την οικογένεια και την κοινότητα. Η φιλοξενία (xenia), για παράδειγμα, ήταν ιερό καθήκον και η μη εκπλήρωσή της μπορούσε να θεωρηθεί ηθικό χρέος. Ομοίως, οι υποχρεώσεις προς τους θεούς, όπως οι θυσίες και οι προσφορές, θεωρούνταν χρέη που έπρεπε να εξοφληθούν για να διατηρηθεί η θεϊκή εύνοια.

Η προσευχή του Κυρίου, που γράφτηκε για πρώτη φορά στα Κινέζικα, απεικονίζει αυτή την έννοια χρησιμοποιώντας τον όρο «ὀφειλήματα» (χρέη) για να συμπεριλάβει τόσο οικονομικές όσο και ηθικές υποχρεώσεις. Σε αυτό το πλαίσιο, το χρέος υπερβαίνει τα απλά οικονομικά ζητήματα και περιλαμβάνει την ηθική και πνευματική μας ευημερία. Αυτή η προσευχή έχει σκοπό να συγκεντρώσει το κουράγιο που απαιτείται για να ξεπεράσουμε τις αποτυχίες των άλλων αναγνωρίζοντας τις δικές μας ελλείψεις. Είναι ένας τρόπος να απελευθερωθούμε από τα βάρη του παρελθόντος και τις δυσαρέσκειες που κουβαλάμε. Χρησιμεύει ως μαρτυρία για τη δύναμη του τραύματος πάνω στο μυαλό μας και ως πρακτική που έχει σχεδιαστεί για να μειώσει την επιρροή των δυσαρεσκειών μας στην ικανότητά μας να λαμβάνουμε αποτελεσματικές αποφάσεις.

Για να καταδείξει αυτή την έννοια, ο Ιησούς λέει την παραβολή του ασυγχώρητου δούλου στο Ματθαίος 18:23-35. Σε αυτήν, ένας υπηρέτης που του συγχωρείται ένα μεγάλο χρέος αρνείται να συγχωρήσει ένα μικρότερο χρέος που του οφείλονταν. Η παραβολή αυτή συμπυκνώνει την αρχή της συγχώρεσης και την ηθική υποχρέωση να συγχωρούμε τους άλλους όπως συγχωρεθήκαμε κι εμείς. Ζητώντας συγχώρεση για χρέη και συγχωρώντας ταυτόχρονα τους οφειλέτες, αναγνωρίζουμε την αμοιβαία φύση της συγχώρεσης και την ηθική επιταγή να επεκτείνουμε το έλεος στους άλλους. Η αρχή αυτή υποδηλώνει ότι η έλλειψη συγχώρεσης οδηγεί σε αρνητικό κάρμα στη ζωή μας, το οποίο μπορεί να ξεπεραστεί συγχωρώντας τους άλλους. Αναδιαμορφώνοντας την άποψή μας για τον εαυτό μας και τους άλλους, μπορούμε να ξεπεράσουμε τους περιορισμούς που επιβάλλουν τα τραύματα του παρελθόντος και να καλλιεργήσουμε μια ζωή πληρότητας και ειρήνης.

Επιπλέον, η χριστιανική επιταγή ότι η αδυναμία μας να συγχωρήσουμε τον εαυτό μας και τους άλλους μπορεί να επηρεάσει τα αποτελέσματά μας είναι αληθινή και από άλλες οπτικές γωνίες. Η διατήρηση της μνησικακίας και της αίσθησης αδικίας μπορεί να μας κατατρώει με θυμό και να μας οδηγεί σε πράξεις που θέτουν σε κίνδυνο το μέλλον και τις δυνατότητές μας. Οι έρευνες δείχνουν ότι τα άτομα που μένουν στις αναμνήσεις της αδικίας και των αρνητικών πράξεων των άλλων συχνά δυσκολεύονται να σκεφτούν καθαρά και να λάβουν ορθές αποφάσεις (Skolnick et al., 2023). Αυτή η συναισθηματική αναταραχή μπορεί να δημιουργήσει έναν κύκλο στον οποίο ο θυμός τροφοδοτεί την κατάθλιψη, οδηγώντας στην αναβλητικότητα (Maynard et al., 2022- Skolnick et al., 2023).

Αυτή η αρχαία σοφία είναι αληθινή όταν αναγνωρίζουμε ότι έχει τις ρίζες της στη συνειδητοποίηση ότι το πεπρωμένο μας είναι συνυφασμένο με τις μεγαλύτερες καρμικές προκλήσεις μας. Παρόλο που η ελεύθερη βούληση συχνά συνδέεται με την ικανότητα να κάνουμε επιλογές, σε ένα πνευματικό πλαίσιο γίνεται ακριβέστερα κατανοητή ως η ικανότητα να κατανοούμε και να αποδεχόμαστε τον θείο νόμο. Σε αυτό το πλαίσιο, η συγχώρεση αναδεικνύεται ως μια κρίσιμη αρετή που προηγείται της αποδοχής και προκύπτει από μια βαθιά κατανόηση της πνευματικής προέλευσης των δεινών μας. Αναγνωρίζοντας τον τρόπο με τον οποίο οι άλλοι επηρεάζουν τον πόνο μας, αποκτούμε ταυτόχρονα μεγαλύτερη επίγνωση της δικής μας συμβολής.

Επιπλέον, όταν συνειδητοποιούμε ότι οι άνθρωποι που άσκησαν βαθιά επιρροή στη ζωή μας συνδέονται με τις προσωπικές μας επιθυμίες, μπορούμε να αρχίσουμε να κατανοούμε το ταξίδι μας με μεγαλύτερη σαφήνεια. Για παράδειγμα, η οικογένειά μου επηρέασε αρνητικά την αυτοεκτίμηση, την αυτοεκτίμηση και την αυτοπεποίθησή μου, εμποδίζοντας την ικανότητά μου να δημιουργήσω έργο που να ανταποκρίνεται στα όνειρα και τη δημιουργικότητά μου. Οι δάσκαλοι αμφισβητούσαν τα ταλέντα και την ανεξαρτησία μου, ισχυριζόμενοι ότι έκανα λάθος επειδή δεν συμφωνούσαν μαζί μου. Αρκετοί ψυχολόγοι, ψυχίατροι και θρησκευτικές προσωπικότητες που συνάντησα αμφισβήτησαν την ηθική μου ακεραιότητα και τις προθέσεις μου λόγω των αρνητικών τους απόψεων για τις διαδικασίες σκέψης μου. Επιπλέον, άνθρωποι από διάφορες χώρες αμφισβήτησαν την αξία της ύπαρξής μου μέσω του ρατσισμού, της προκατάληψης και του δικού τους αισθήματος δικαίου. Έκριναν αρνητικά τον τρόπο ζωής μου και το επάγγελμά μου. Αν είχα υποκύψει σε αυτές τις αρνητικές ενέργειες, δεν θα έγραφα αυτό το βιβλίο ούτε θα ζούσα τη ζωή που πάντα ήθελα.

Μελέτες δείχνουν ότι η εξωτερική υποτίμηση μπορεί να επηρεάσει σημαντικά την αυτοαντίληψη και την ηθική συλλογιστική ενός ατόμου (Kaygusuz et al., 2023- Mróz et al., 2024). Άλλες έρευνες δείχνουν ότι οι εμπειρίες διακρίσεων μπορούν να οδηγήσουν σε αισθήματα δυσαρέσκειας και θυμού, εμποδίζοντας την προσωπική ανάπτυξη (DeMarco, 2024- Kaygusuz et al., 2023). Με άλλα λόγια, αν και προκαθορισμένο από τη γέννησή μου, το ταξίδι μου για να γίνω συγγραφέας καθοδηγήθηκε από καρμικά μαθήματα που έπρεπε να μάθω. Η αγνόηση αυτών των μαθημάτων θα είχε ως αποτέλεσμα τη δυσαρέσκεια, την ταλαιπωρία και, τελικά, την αποτυχία να επιτύχω τα όνειρά μου.

Εν ολίγοις, η δυσαρέσκεια μπορεί να αποτελέσει εμπόδιο στην προσωπική ανάπτυξη και στην πραγματοποίηση των ονείρων.

Κεφάλαιο 15: Πνευματική εκπαίδευση και καρμικά μαθήματα

Οι βαθύτερες επιθυμίες μας είναι άρρηκτα συνδεδεμένες με το πεπρωμένο της ψυχής μας, γεγονός που εξηγεί γιατί όσο περισσότερο υποφέρουμε, τόσο πιο πιθανό είναι να ονειρευτούμε το πραγματικό μας πεπρωμένο. Η ζωή δεν προσφέρει άλλη επιλογή από το να ολοκληρώσουμε έναν κύκλο κάρμα, ο οποίος συνοδεύεται από πνευματική εκπαίδευση μέσω των μαθημάτων του. Καθώς η ύπαρξή μας στη Γη είναι σύντομη, τα μαθήματα αυτά μπορεί να φαίνονται επαναλαμβανόμενα. Στην περίπτωσή μου, για παράδειγμα, έπρεπε να μάθω να αγαπώ και να εμπιστεύομαι τον εαυτό μου, και έπρεπε επίσης να απελευθερωθώ από τους περιορισμούς που επιβάλλουν οι κοινωνικές νόρμες πριν επιτύχω ως συγγραφέας.

Αν και συχνά συνδέουμε το κάρμα με την αμαρτία και την τιμωρία, είναι πιο ακριβές να το θεωρούμε ως ένα μάθημα που επιβάλλεται από τον εαυτό μας. Δημιουργούμε το δικό μας κάρμα μέσα από παρεξηγήσεις. Ως εκ τούτου, η αυτογνωσία και η συγχώρεση είναι απαραίτητες για να σπάσουμε τις νοητικές αλυσίδες που μας δεσμεύουν με τις προηγούμενες εμπειρίες μας. Πρέπει να υπερβούμε τον πόνο που υπομένουμε για να δημιουργήσουμε μια καλύτερη ζωή, σύμφωνα με τις προσδοκίες μας. Χωρίς αυτή την ικανότητα, πέφτουμε στην αυτολύπηση και την αυτοδικαιολόγηση, επιτρέποντας στο παρελθόν να υπαγορεύει την ύπαρξή μας στη Γη και πιθανώς σε μελλοντικές μετενσαρκώσεις.

Αν και μπορούμε να κάνουμε εικασίες για τις αιτίες της απώλειας του αυτοσεβασμού, της διάκρισης και του φόβου του εξοστρακισμού, όσο μεγαλύτερες είναι οι δυνατότητές μας, τόσο πιο πιθανό είναι να αντιμετωπίσουμε αυτές τις προκλήσεις. Με αυτόν τον τρόπο, αναγνωρίζουμε ότι όλοι αντιμετωπίζουμε παρόμοιες προκλήσεις σε διαφορετικά πνευματικά επίπεδα. Για παράδειγμα, η συγγραφή ενός βιβλίου είναι ένα δύσκολο και φαινομενικά ανυπέρβλητο έργο για κάποιον με πολύ χαμηλό γνωστικό και πνευματικό επίπεδο, ακόμη και αν το άτομο αυτό αφιερώσει ολόκληρη τη ζωή του στο έργο αυτό, σε σύγκριση με κάποιον με υψηλότερο επίπεδο συνείδησης. Έτσι, η σύγκριση του εαυτού μας με τους άλλους σε αυτό και σε άλλα θέματα δημιουργεί περιττά εμπόδια και μια αίσθηση ανεπάρκειας.

Για τα άτομα που βρίσκονται σε χαμηλότερο πνευματικό επίπεδο, η προετοιμασία ενός θρεπτικού γεύματος και η άσκηση φιλανθρωπίας μπορεί να είναι πιο αποτελεσματική στη συσσώρευση θετικού κάρμα. Διάφορα θρησκευτικά κείμενα τονίζουν τη σημασία της φιλανθρωπίας για την απόκτηση της εύνοιας του Θεού. Στη Μαχαμπαράτα αναφέρεται, για παράδειγμα, ότι «η φιλανθρωπία που δίνεται από καθήκον, χωρίς προσδοκία ανταπόδοσης, στον κατάλληλο χρόνο και τόπο και σε ένα άξιο πρόσωπο, θεωρείται καλοσύνη». Ομοίως, η σούρα Αλ-Μπακαράχ 2:274 λέει: «Όσοι ξοδεύουν τον πλούτο τους στον δρόμο του Αλλάχ και δεν τον χρησιμοποιούν για να τραβήξουν την προσοχή στη γενναιοδωρία τους ή να προκαλέσουν ζημιά, η ανταμοιβή τους είναι με τον Κύριό τους». Το Παροιμίες 19:17 λέει: «Αυτός που είναι ευγενικός προς τους φτωχούς δανείζει στον Κύριο, και Αυτός θα τον ανταμείψει για τις πράξεις του».

Όταν συναντάμε ανθρώπους που ενσαρκώνουν τις επιθυμητές μας ιδιότητες, μπορεί να αντιμετωπίσουμε σημαντικές προκλήσεις που εκδηλώνονται με τις ατέλειές τους, είτε επειδή τρέφουν φθόνο είτε επειδή δεν μπορούν να ανεχτούν διαφορετικές προοπτικές. Αυτή η δυσανεξία πηγάζει από τη ναρκισσιστική και εγωιστική τους άποψη για τον εαυτό τους. Σε αυτό το πλαίσιο, ωστόσο, μας υπενθυμίζεται η σημασία του να βλέπουμε τις ελλείψεις στους άλλους όπως τις βλέπουμε στον εαυτό μας, αναγνωρίζοντας ότι μπορούμε να διακρίνουμε τις καλές ιδιότητες από τις ατέλειες, όπως ακριβώς βελτιώνουμε τον εαυτό μας παρά τις δικές μας ατέλειες.

«Συγχωρέστε μας τις ατέλειές μας, όπως συγχωρούμε τις ατέλειες των άλλων» θα ήταν ένας κατάλληλος τρόπος για να παραφράσουμε την έννοια του πνευματικού χρέους που υπάρχει στην αρχική χριστιανική προσευχή. Ένας άλλος τρόπος διατύπωσης θα ήταν «Συγχωρέστε μας τους πνευματικούς μας περιορισμούς καθώς αναγνωρίζουμε τους πνευματικούς περιορισμούς των άλλων», που μας τοποθετεί στο ίδιο πνευματικό επίπεδο με τους άλλους, αντί σε μια κοινωνική ιεραρχία. Είναι ένας τρόπος να αποφεύγουμε να αναζητούμε την τελειότητα στους άλλους, ακόμη και όταν εμείς οι ίδιοι τελειοποιούμαστε, παρά τα πράγματα που μας φέρνουν σε δύσκολη θέση.

Αυτή η στάση καλλιεργεί την ταπεινότητα και το θάρρος να επιμένουμε, παρά τον πόνο που προκαλούν οι άλλοι, ο οποίος μπορεί να εμποδίσει το κίνητρό μας να ζήσουμε μια πιο ολοκληρωμένη ζωή. Με αυτή την έννοια, η βαθύτερη μορφή εκδίκησης είναι να επιμένουμε παρά τα εμπόδια που τίθενται στο δρόμο μας και την αποφασιστικότητα των άλλων να καταστείλουν την έκφραση της πνευματικής μας αυθεντικότητας. Αν και είναι λογικό να συνδέουμε τα επιτεύγματά μας με τις προκλήσεις που μας επιβάλλουν όσοι προσπάθησαν να εμποδίσουν την πρόοδό μας, η σημασία του αντίκτυπου των πράξεών τους είναι σχετική μόνο με την αποφασιστικότητά μας να πετύχουμε.

Η κοινωνική εξουσία, μια αναπαράσταση του κάρμα που οι άνθρωποι που συναντάμε στο πνευματικό μας μονοπάτι έχουν επιφέρει στον εαυτό τους αναζητώντας κοινωνική επικύρωση, είναι το ίδιο κάρμα με το οποίο φτάνουμε όταν γεννιόμαστε σε μια πραγματικότητα σχεδιασμένη να καταστείλει την πνευματική αυθεντικότητα. Είναι εδώ, στη Γη, που δίνουμε την πραγματική μάχη μεταξύ του κακού, που αντιπροσωπεύεται από την εξουσία, και του καλού, που συνδέεται με τη θεϊκή μας σπίθα, η οποία μας ωθεί να αναζητήσουμε μια καλύτερη ζωή, τροφοδοτούμενοι από την αίσθηση της πνευματικής ολοκλήρωσης.

Εν ολίγοις, οι βαθύτερες επιθυμίες μας είναι άρρηκτα συνδεδεμένες με τον σκοπό της ψυχής μας, και ο πόνος μπορεί να καταλύσει τα όνειρα που σχετίζονται με το αληθινό μας πεπρωμένο. Το κάρμα, σαν κοσμικός δάσκαλος, μας οδηγεί απαλά στη λύτρωση μέσω της συγχώρεσης και της πνευματικής ανάπτυξης.

Κεφάλαιο 16: Καλλιεργώντας την αυτοπεποίθηση μέσω της ανεξαρτησίας

Όταν δεν αναγνωρίζουμε τις αρνητικές επιρροές της ανατροφής μας και την τάση μας να υπακούμε τυφλά σε πρόσωπα εξουσίας, καταλήγουμε να απογοητεύουμε τον εαυτό μας. Η προσπάθεια κατανόησης του κόσμου και της θέσης μας σε αυτόν προάγει την αυτοπεποίθηση. Ωστόσο, εκτός από τη γνώση και τη σοφία, πρέπει να μάθουμε να διακρίνουμε τις πεποιθήσεις που μας ενδυναμώνουν από εκείνες που μας περιορίζουν.

Το να αγαπάμε τον εαυτό μας, να είμαστε σοφοί και να θέτουμε σαφή όρια μας βοηθά να περιβάλλουμε τον εαυτό μας με υποστηρικτικούς ανθρώπους που μας ενθαρρύνουν και μας ενδυναμώνουν καθώς αναπτυσσόμαστε και γινόμαστε πιο αυτοδύναμοι. Η αυτοπεποίθηση είναι το θεμέλιο της ακλόνητης αυτοπεποίθησης. Ενώ ο φθόνος και ο ανταγωνισμός μπορούν να οδηγήσουν τους άλλους να καταφύγουν στην εξαπάτηση και να εμποδίσουν την πρόοδό μας, η πνευματική εξέλιξη απαιτεί να σπάσουμε τους αρνητικούς καρμικούς κύκλους. Αυτό μπορεί να γίνει μέσω της αυτοσυγχώρεσης και της προσωπικής ανάπτυξης. Για να προωθήσουμε τα αισθήματα επάρκειας, ικανότητας και αυτοπεποίθησης, είναι σημαντικό να αναπτύξουμε συνήθειες που μας γεμίζουν με αυτά τα συναισθήματα.

Μερικές φορές η ενασχόληση με ένα χόμπι ή το να παίζουμε βιντεοπαιχνίδια μπορεί να είναι ευεργετική. Η ενασχόληση με χόμπι και βιντεοπαιχνίδια έχει συσχετιστεί με θετικές επιδράσεις στην ψυχική υγεία και ευεξία. Για παράδειγμα, μια μελέτη των Granic, Lobel και Engels (2014) διαπίστωσε ότι τα βιντεοπαιχνίδια μπορούν να ικανοποιήσουν βασικές ψυχολογικές ανάγκες όπως η ικανότητα, η αυτονομία και η προσκόλληση. Η μελέτη υποδηλώνει ότι τα βιντεοπαιχνίδια μπορούν να προσφέρουν μια αίσθηση εκπλήρωσης, η οποία είναι απαραίτητη για τη συνολική ευτυχία και την ψυχική υγεία.

Επιπλέον, λίγα εργαλεία είναι τόσο ισχυρά όσο η τέχνη της οπτικοποίησης στην αναζήτηση της προσωπικής ανάπτυξης και ολοκλήρωσης. Αξιοποιώντας τις τεράστιες δυνατότητες του μυαλού μας, μπορούμε να υπερβούμε τους περιορισμούς των σημερινών περιστάσεων και να δημιουργήσουμε το δικό μας πεπρωμένο. Οι σκέψεις και οι πεποιθήσεις μας διαμορφώνουν την πραγματικότητά μας και οι νοητικές εικόνες που έχουμε επηρεάζουν σημαντικά τις πράξεις μας, τα συναισθήματά μας και, τελικά, τα αποτελέσματα που βιώνουμε. Όταν οραματιζόμαστε έντονα τον εαυτό μας να πετυχαίνει τους στόχους μας, ενεργοποιούμε νευρικές οδούς που προετοιμάζουν τον εγκέφαλό μας για την επιτυχία.

Ο οραματισμός όχι μόνο αυξάνει την αυτοπεποίθηση και τα κίνητρά μας, αλλά μας βοηθά επίσης να εντοπίσουμε και να ξεπεράσουμε πιθανά εμπόδια. Δημιουργώντας μια σαφή και λεπτομερή νοητική εικόνα των στόχων μας, αφυπνίζουμε τη δημιουργικότητα και τις ικανότητες επίλυσης προβλημάτων του υποσυνείδητου μας. Η διαδικασία αυτή μας επιτρέπει να προβλέπουμε τις προκλήσεις, να αναπτύσσουμε αποτελεσματικές στρατηγικές και να καλλιεργούμε τις δεξιότητες και τους πόρους που απαιτούνται για να μετατρέψουμε τα όνειρα σε πραγματικότητα.

Για να αξιοποιήσετε πλήρως τη δύναμη του οραματισμού, πρέπει να τον προσεγγίσετε με πρόθεση και συνέπεια. Αφιερώστε λίγα λεπτά κάθε μέρα για να οραματιστείτε ζωντανά τους στόχους σας, συμπεριλαμβανομένων των αισθητηριακών λεπτομερειών και των συναισθηματικών εμπειριών. Πειραματιστείτε με διάφορες τεχνικές, όπως η δημιουργία ενός πίνακα οράματος, η συγγραφή λεπτομερών περιγραφών του επιθυμητού μέλλοντός σας ή η συμμετοχή σε καθοδηγούμενους διαλογισμούς, για να ανακαλύψετε τι λειτουργεί καλύτερα για εσάς. Με ακλόνητη δέσμευση και βαθιά κατανόηση του τοπίου των κινήτρων σας, μπορείτε να υλοποιήσετε το όραμα αυτού που πάντα θέλατε.

Όταν χρησιμοποιείται συλλογικά, αυτό το ισχυρό εργαλείο έχει τη δυνατότητα να καταλύσει τη θετική αλλαγή στην κοινωνία. Ενθαρρύνοντας τους άλλους να οραματιστούν έναν πιο δίκαιο, ισότιμο και βιώσιμο κόσμο, μπορούμε να εμπνεύσουμε τη συλλογική δράση και να προωθήσουμε την ευαισθητοποίηση που απαιτείται για την αντιμετώπιση επειγουσών προκλήσεων. Φανταστείτε έναν κόσμο στον οποίο οι ηγέτες, οι υπεύθυνοι χάραξης πολιτικής και οι πολίτες χρησιμοποιούν την οπτικοποίηση για να φανταστούν ένα μέλλον ειρήνης, ευημερίας και περιβαλλοντικής διαχείρισης.

Ευθυγραμμίζοντας τα ατομικά και συλλογικά μας οράματα, μπορούμε να αξιοποιήσουμε το συνεργατικό δυναμικό των κοινών μας φιλοδοξιών για να ξεπεράσουμε ακόμη και τα πιο τρομερά εμπόδια. Ωστόσο, αυτό προϋποθέτει την πλοήγηση στην ένταση μεταξύ των επιθυμιών της ψυχής μας και των εκλογικεύσεων του εγώ μας. Με γνώμονα το φόβο και την αυτοσυντήρηση, το εγώ προσκολλάται στο οικείο και αντιστέκεται στην αλλαγή, ενώ η ψυχή λαχταρά να αναπτυχθεί και μας ωθεί να φτάσουμε στο μέγιστο δυναμικό μας.

Η αναγνώριση και η υπέρβαση των τακτικών χειραγώγησης του εγώ, όπως η αυτοαμφισβήτηση και το δέλεαρ της άμεσης ικανοποίησης, είναι ζωτικής σημασίας για να ξεκλειδώσουμε την πραγματική μας δύναμη. Η παγιωμένη νοοτροπία αντιλαμβάνεται τα ταλέντα ως έμφυτα και αμετάβλητα. Ωστόσο, με την αναπλαισίωση των αρνητικών σκέψεων, την εξάσκηση της ευγνωμοσύνης και την οπτικοποίηση της επιτυχίας, είναι δυνατόν να καλλιεργήσουμε ένα πιο εποικοδομητικό και ενδυναμωτικό πλαίσιο σκέψης.

Εν ολίγοις, η αυτοπεποίθηση, η οποία καλλιεργείται από την αυτοαγάπη, τη σοφία και τον καθορισμό ορίων, είναι θεμελιώδης για την οικοδόμηση της αυτοπεποίθησης και τη διάσπαση των αρνητικών καρμικών κύκλων. Η ενασχόληση με χόμπι, η εξάσκηση του οραματισμού και η καλλιέργεια θετικών νοητικών συνηθειών μπορούν να μας βοηθήσουν να επιτύχουμε τους στόχους μας και να εκδηλώσουμε τις επιθυμίες μας. Επιπλέον, ο συλλογικός οραματισμός έχει τη δύναμη να εμπνεύσει την κοινωνική αλλαγή, οικοδομώντας έναν πιο δίκαιο, ισότιμο και βιώσιμο κόσμο.

Κεφάλαιο 17: Συναισθηματική κυριαρχία και η επιδίωξη των ονείρων

Η κατανόηση και η ερμηνεία του κόσμου είναι εγγενώς υποκειμενική, καθώς φιλτράρουμε τις πληροφορίες μέσα από τις υπάρχουσες δομές γνώσης και τα συναισθηματικά πρότυπα που διαμορφώνονται από τις εμπειρίες του παρελθόντος. Αναγνωρίζοντας αυτή την πολυπλοκότητα και επιδιώκοντας ενεργά την κατανόηση διαφορετικών προοπτικών, είναι δυνατόν να αντιμετωπίσουμε τις προκλήσεις της ζωής με μεγαλύτερη ενσυναίσθηση και διορατικότητα. Αγκαλιάζοντας το άγνωστο με ανοιχτό μυαλό και πάθος για μάθηση, αποκτούμε πρόσβαση σε νέες διαστάσεις προσωπικής ανάπτυξης.

Το μυαλό και η καρδιά είναι άρρηκτα συνδεδεμένα και αλληλοεπηρεάζονται, οπότε μαθαίνοντας να κατανοούμε και να ρυθμίζουμε τα συναισθήματά μας, αποκτούμε τη δύναμη να κάνουμε επιλογές σύμφωνα με τις βασικές μας αξίες και τις μακροπρόθεσμες φιλοδοξίες μας. Η ακριβής αναγνώριση και επισήμανση των συναισθημάτων μας είναι ένα κρίσιμο βήμα για την ανάπτυξη της συναισθηματικής κυριαρχίας. Επιπλέον, εξερευνώντας το συναισθηματικό μας τοπίο, αναπτύσσουμε μεγαλύτερη ανθεκτικότητα και καλλιεργούμε πιο ουσιαστικές συνδέσεις με τους άλλους. Αυτό μας επιτρέπει να αυξήσουμε την παραγωγικότητα, εστιάζοντας την ενέργειά μας σε αυτό που πραγματικά έχει σημασία.

Η συναισθηματική κυριαρχία αυξάνει επίσης την ικανότητά μας να διαχειριζόμαστε το άγχος και να αποτρέπουμε την επαγγελματική εξουθένωση. Αναγνωρίζοντας και αντιμετωπίζοντας τις συναισθηματικές μας ανάγκες, μειώνουμε το αίσθημα καταπίεσης και διατηρούμε την ισορροπία και την ευεξία που είναι απαραίτητες για συνεχή υψηλή απόδοση. Η καθιέρωση καθημερινών συνηθειών και ρουτινών που υποστηρίζουν τη συνολική μας ευημερία είναι το κλειδί για την επίτευξη αυτού του πλαισίου. Φαινομενικά ασήμαντες ενέργειες, όπως η τακτική άσκηση, η προσεκτική διατροφή και ο συνεπής διαλογισμός, είναι θεμελιώδεις για την επιτυχία σε όλες τις άλλες πτυχές της ζωής.

Όταν διαχειριζόμαστε τα συναισθήματά μας με επίγνωση και συμπόνια, αξιοποιούμε την ανθεκτικότητα και τη δημιουργικότητά μας. Σε έναν κόσμο που συχνά εκτιμά τη λογική και τον ορθολογισμό έναντι της συναισθηματικής νοημοσύνης, η καλλιέργεια της συναισθηματικής κυριαρχίας λειτουργεί ως σημαντικό αντίβαρο. Ευθυγραμμίζοντας τη σοφία της καρδιάς με τη διαύγεια του νου, επιτυγχάνουμε βαθύτερη κατανόηση, η οποία μας επιτρέπει να λαμβάνουμε πιο αποτελεσματικές αποφάσεις.

Τα συναισθήματα μπορούν να διαχειριστούν μέσω σκόπιμων ενεργειών, οι οποίες τελικά επηρεάζονται από τις πεποιθήσεις μας. Επιλέγοντας συνειδητά μια θετική νοοτροπία, που τροφοδοτείται από αισιοδοξία, δημιουργούμε ευκαιρίες για ευτυχία και επιτυχία. Αυτή η ντετερμινιστική επιρροή διαμορφώνει τις εμπειρίες μας και οδηγεί σε μια υψηλότερη συνείδηση. Παρά τα εμπόδια στην κατανόηση που μπορεί να συναντήσουμε στην πορεία, η ταπεινότητα να αναγνωρίσουμε αυτούς τους περιορισμούς μας επιτρέπει να προσεγγίσουμε το άγνωστο με θαυμασμό και διαφάνεια, αντί να προσκολληθούμε σε προκατασκευασμένες αντιλήψεις που μπορούν να εμποδίσουν την ανάπτυξή μας.

Αυτή η ταπεινότητα είναι απαραίτητη για την πραγματοποίηση των ονείρων μας, γιατί όταν συνδυάζονται με έντονες συναισθηματικές εμπειρίες, τα όνειρα έχουν μια ενέργεια που ξεπερνά τα όρια της λογικής σκέψης. Τα όνειρα δεν είναι απλώς παθητικές αντανακλάσεις του υποσυνειδήτου μας, αλλά καταλύτες για μετασχηματιστικές αλλαγές. Τα όνειρα που τροφοδοτούνται από πάθος και συναισθηματική ένταση μπορούν να χρησιμεύσουν ως ισχυροί δίαυλοι αυτοπραγμάτωσης, ωθώντας μας πέρα από τις ζώνες άνεσής μας και αποκαλύπτοντας νέες διαστάσεις της ύπαρξής μας που προηγουμένως ήταν κρυμμένες από τη συνείδησή μας.

Αγκαλιάζοντας τη μεταμορφωτική δύναμη των ονείρων, μπορούμε να εξερευνήσουμε τη συνείδησή μας βαθύτερα και να κατανοήσουμε την ύπαρξη σε διαφορετικά επίπεδα. Σε αυτό το πεδίο, ο απτός φυσικός κόσμος γίνεται μια υποκειμενική ερμηνεία μιας ευρύτερης πνευματικής πραγματικότητας. Με την υπέρβαση στο άγνωστο, συναντάμε μια πιο ζωντανή εκδήλωση των καλοπροαίρετων και κακοπροαίρετων δυνάμεων που διαμορφώνουν τη ζωή μας και μας προκαλούν να τις αντιμετωπίσουμε με μεγαλύτερη επίγνωση. Αυτή η αυξημένη επίγνωση μας επιτρέπει να υπερβούμε τους περιορισμούς του χρόνου και του χώρου και να κατανοήσουμε τη διασύνδεση όλων των πραγμάτων.

Για όσους αποδέχονται αυτή την προοπτική, οι διακρίσεις μεταξύ παρελθόντος, παρόντος και μέλλοντος γίνονται ανύπαρκτες και οι κατασκευές που καθοδηγούν την ύπαρξή μας γίνονται πύλες σε νέα πεδία κατανόησης. Αντιλαμβανόμενοι τον χρόνο ως ένα ρευστό συνεχές και όχι ως μια άκαμπτη ακολουθία, είναι δυνατόν να αποκτήσουμε πρόσβαση σε γνώσεις που προηγουμένως φάνταζαν ανέφικτες. Αυτή η αλλαγή στην αντίληψη μας ενθαρρύνει να δούμε τις εμπειρίες μας όχι ως μεμονωμένα γεγονότα, αλλά ως αλληλένδετα νήματα στον ιστό της ζωής μας. Αυτή η διασύνδεση προάγει την αίσθηση της ενότητας και του σκοπού, επιτρέποντάς μας να δούμε τα ευρύτερα μοτίβα που επηρεάζουν το ταξίδι μας. Αναγνωρίζοντας αυτά τα μοτίβα, αποκτούμε την ικανότητα να περιηγούμαστε στις πολυπλοκότητες της ζωής με μεγαλύτερη ευκολία και σαφήνεια.

Εν ολίγοις, η συναισθηματική κυριαρχία, που επιτυγχάνεται μέσω της αυτογνωσίας και της στοχευμένης δράσης, είναι θεμελιώδης για την προσωπική ανάπτυξη και επιτυχία. Ευθυγραμμίζοντας τα συναισθήματα, τις αξίες και τα όνειρα, είναι δυνατόν να απελευθερώσουμε τη δημιουργικότητα, την ανθεκτικότητα και μια βαθύτερη κατανόηση του κόσμου. Αυτή η αυξημένη επίγνωση υπερβαίνει το χρόνο και το χώρο, αποκαλύπτοντας τη διασύνδεση και την ενότητα όλων των πραγμάτων.

Κεφάλαιο 18: Ξεπερνώντας το Εγώ και αποδεχόμενοι την αλήθεια

Κάθε πτυχή της ζωής μας αντανακλά τον εσωτερικό μας εαυτό. Ο εξωτερικός κόσμος που αντιλαμβανόμαστε δεν είναι μια σταθερή πραγματικότητα, αλλά μια σύνθεση συλλογικών συμφωνιών, σκέψεων και πεποιθήσεων. Επομένως, προκειμένου να προωθηθεί μια διαρκής αλλαγή, απαιτείται μια βαθιά δέσμευση στον προσωπικό μετασχηματισμό. Η αποδοχή του αγνώστου και της δυνατότητας ενός υποθετικού μέλλοντος αποτελεί κρίσιμο μέρος αυτής της διαδικασίας. Πολλές επιτυχημένες εταιρείες έχουν αναδυθεί από αποτυχίες, αλλά και ευκαιρίες που παραβλέπονται από άλλους, ακριβώς επειδή τα άτομα σε ηγετικές θέσεις τόλμησαν να βαδίσουν σε αντισυμβατικά μονοπάτια και να αμφισβητήσουν τη συμβατική σοφία.

Ωστόσο, το ανθρώπινο μυαλό, που συχνά περιορίζεται από τη γραμμική αντίληψη του χρόνου και της αλληλουχίας, δυσκολεύεται να κατανοήσει πλήρως την πολυδιάστατη φύση της πραγματικότητας. Αυτός ο περιορισμός μπορεί να οδηγήσει σε μια στενή προοπτική, η οποία παγιδεύει τα άτομα σε έναν κύκλο εφησυχασμού και τα εμποδίζει να δουν τις πραγματικές τους δυνατότητες. Για να ξεπεραστεί, απαιτείται μια θεμελιώδης αλλαγή νοοτροπίας, από το όραμα της έλλειψης σε μια νοοτροπία της αφθονίας.

Αντί να παραλύουμε από την αμφιβολία και την πεποίθηση ότι οι πόροι είναι πεπερασμένοι, πρέπει να αναγνωρίσουμε το απεριόριστο δυναμικό μέσα μας και στο σύμπαν που μας εμπνέει να ενεργούμε με θάρρος και έμπνευση. Πρέπει να είμαστε ανοιχτοί στο να αφήσουμε ξεπερασμένους τρόπους σκέψης και να δεχτούμε νέες προοπτικές, καθώς αφήνουμε τους περιορισμούς του παρελθόντος και αγκαλιάζουμε το απεριόριστο δυναμικό της παρούσας στιγμής.

Μπροστά στην αβεβαιότητα, ανακαλύπτουμε ευκαιρίες για εξέλιξη και τη δυνατότητα να αξιοποιήσουμε πλήρως τις δυνατότητές μας. Αντιμετωπίζοντας τους φόβους, τις ανασφάλειες και τις σκιές μας, ξεκλειδώνουμε τα κλειδιά της προσωπικής μεταμόρφωσης. Μέσα στο χωνευτήρι της δυσφορίας χτίζουμε την ανθεκτικότητα και τη διαύγεια για να υπερβούμε τους περιορισμούς μας. Επιπλέον, καθώς διευρύνουμε την κατανόηση του σκοπού της ζωής μας, τα ερωτήματά μας γίνονται λιγότερο σημαντικά. Αγκαλιάζοντας το μυστήριο και το μεγαλείο της ύπαρξης, επιτυγχάνουμε την πραγματική ελευθερία να δημιουργούμε, να αγαπάμε και να ζούμε αυθεντικά.

Αυτή η στάση υπερβαίνει μια θετική προοπτική- είναι μια βαθιά πίστη στην έμφυτη καλοσύνη του σύμπαντος και στη θεϊκή ενορχήστρωση των ονείρων και των προσδοκιών μας. Ενσαρκώνει τη συνειδητοποίηση ότι, καθώς η ύπαρξή μας υπερβαίνει το φυσικό πεδίο και συνεχίζει το ταξίδι της πέρα από αυτόν τον κόσμο, δεν είμαστε απλά προϊόντα των περιστάσεων, αλλά δοχεία της θεϊκής σπίθας που ζωογονεί το σύμπαν.

Η άγνοια των ιστορικών και υπερβατικών αληθειών δεν αποτελεί δικαιολογία για την αποφυγή των πνευματικών μας ευθυνών. Τα ιστορικά γεγονότα αποδεικνύουν ότι η ανθρωπότητα έχει συχνά αντιμετωπίσει τους βαθύτερους φόβους της, παρά τις προσπάθειες να τους αγνοήσει ή να τους καταπιέσει. Ωστόσο, η σιωπή πολλών σχετικά με αυτούς τους κύκλους μόνο διαιωνίζει τη σύγχυση και τις συγκρούσεις. Η αληθινή τύφλωση είναι μια κατάσταση στην οποία τα άτομα δεν μπορούν να δουν πέρα από τις βαθιά ριζωμένες πεποιθήσεις και υποθέσεις τους.

Αυτή η περιορισμένη αντίληψη εμποδίζει την πνευματική ανάπτυξη και παγιδεύει τους ανθρώπους σε κύκλους άγνοιας και επανάληψης των ίδιων λαθών. Στην πραγματικότητα, πολλοί άνθρωποι τείνουν να γίνονται τόσο προσκολλημένοι στο εγώ τους που αγνοούν την αλήθεια και επιθυμούν κρυφά την αποτυχία, την ατυχία ή ακόμη και τον θάνατο εκείνων που εξοστρακίζουν, προκειμένου να επικυρώσουν τον εαυτό τους. Αυτή η εγωκεντρική νοοτροπία δημιουργεί ένα περιβάλλον που εμποδίζει την πνευματική αυθεντικότητα και την πρόοδο στον πλανήτη μας.

Μπορούμε να το δούμε αυτό παντού γύρω μας, καθώς η επικοινωνία βαθύτερων αληθειών σε κάποιον που είναι κολλημένος στις προσωπικές πεποιθήσεις και τα δόγματα μπορεί να αποτελέσει πρόκληση, καθώς μπορεί να απορρίψει ή να υπονομεύσει τις προσπάθειες εκείνων που προσπαθούν να τους διαφωτίσουν. Αυτοί οι άνθρωποι σπάνια αλλάζουν και, αν αναγκαστούν να συνυπάρξουν με κάποιον σοφότερο, μπορεί να καταφύγουν σε συκοφαντίες και να προσπαθήσουν να εξορίσουν το άτομο αυτό από το περιβάλλον τους. Αυτό μπορεί να περιλαμβάνει ακραία μέτρα, όπως φυλάκιση ή ακόμη και δολοφονία. Αυτή η αντίσταση στην ανάπτυξη και την αλλαγή συχνά πηγάζει από βαθιά ριζωμένους φόβους και ανασφάλειες. Ωστόσο, παρά τα πολλά συμφέροντα που διακυβεύονται, το πεπρωμένο είναι θέμα αυτοπροσδιορισμού και δεν υπάρχει κάρμα χωρίς συγκατάθεση και σκοπό. Έτσι, η επιδίωξη των ονείρων μας απαιτεί όχι μόνο ένα όραμα και τη γνώση του τρόπου επίτευξής τους, αλλά και το θάρρος να δράσουμε ανάλογα.

Μόνο οι ανόητοι, οδηγούμενοι από άγνοια, βγάζουν συνήθως μη ρεαλιστικά συμπεράσματα από αυτά που δεν καταλαβαίνουν, προκειμένου να δικαιολογήσουν την ύπαρξή τους. Η σοφία έγκειται στην ταπεινότητα και στην αναγνώριση των περιορισμών του ατόμου χωρίς να υποκύπτει σε αυτούς. Οι αδιαμφισβήτητες αλήθειες παραμένουν απερίγραπτες αν δεν διευρύνουμε τη συνείδησή μας. Ωστόσο, η εκπαίδευση μπορεί μερικές φορές να μας παραπλανήσει και να μας κάνει να πιστέψουμε ψευδείς αλήθειες και να στρέψει την προσοχή μας προς το χάος. Για το λόγο αυτό, πολλοί προσκολλώνται σε ψευδή πρότυπα επιβίωσης που απέχουν πολύ από την αλήθεια. Αυτά τα πρότυπα, τα οποία συχνά είναι αδιαμφισβήτητα, εμποδίζουν την ανάπτυξη και την αληθινή κατανόηση.

Εν ολίγοις, ο προσωπικός μετασχηματισμός περιλαμβάνει την καλλιέργεια μιας νοοτροπίας αφθονίας, την αντιμετώπιση των φόβων μας και την απόρριψη ξεπερασμένων πεποιθήσεων που δεν μας εξυπηρετούν πλέον. Διευρύνοντας τη συνείδησή μας και αναζητώντας την αλήθεια πέρα από τα κοινωνικά πρότυπα, μπορούμε να απελευθερωθούμε από περιοριστικά πρότυπα και να αγκαλιάσουμε τον αυθεντικό εαυτό μας και τον πραγματικό μας σκοπό.

Κεφάλαιο 19: Ο Συμπαντικός Σκοπός

Είμαστε όλοι μέρος του ίδιου συμπαντικού σκοπού, κινούμενοι προς αυτόν με διαφορετικούς τρόπους. Αυτός ο σκοπός ευδοκιμεί με θετικά και αγαπητικά συναισθήματα και τελικά μας οδηγεί στη διαφώτιση μέσω της αυτογνωσίας και των υπεύθυνων ενεργειών που αναλαμβάνουμε στην πορεία. Αν και αναζητούμε συνεχώς αυτή την αλήθεια χωρίς ποτέ να την συνειδητοποιούμε πλήρως, αν ήταν μέσα μας, τα διλήμματά μας θα έμοιαζαν με απλές ψευδαισθήσεις. Επομένως, είναι σοφότερο να εστιάζουμε στους στόχους μας, χωρίς να ανησυχούμε για το πώς θα τους πετύχουμε. Συχνά, τα αξιοσημείωτα επιτεύγματα στη ζωή έρχονται απροσδόκητα και αψηφούν τη συμβατική λογική.

Συχνά προσκολλούμαστε σε αυτό που αντιλαμβανόμαστε ως δικό μας και ορίζουμε τους εαυτούς μας με βάση αυτό, αλλά η κρίση του εαυτού μας και των άλλων με βάση υποθέσεις που έχουν τις ρίζες τους σε πρωτόγονα ένστικτα και διαμορφώνονται από εμπειρίες του παρελθόντος περιορίζει τις δυνατότητές μας ως ανθρώπινα όντα και μειώνει την αξία των εμπειριών της ζωής μας. Όταν οι ψευδαισθήσεις αποκαλύπτονται, ο ανώριμος και δογματικός νους καταφεύγει συχνά στον σκεπτικισμό. Ακριβώς όπως η αγάπη φαίνεται εξωπραγματική σε όσους δεν την έχουν βιώσει ποτέ, η εμπιστοσύνη δεν έχει νόημα για όσους έχουν γνωρίσει μόνο την προδοσία και το φως της αλήθειας αδυνατεί να γοητεύσει όσους γοητεύονται από το σκοτάδι των εσωτερικών τους σκέψεων.

Για πολλούς, η ανακουφιστική αυταπάτη είναι το μόνο που έχουν, και το νόημα που της αποδίδουν είναι το μόνο που μπορούν να κατανοήσουν. Οι άνθρωποι υπάρχουν σε διαφορετικά επίπεδα συνείδησης, τα οποία εκδηλώνονται στις πράξεις, τις σκέψεις, την ομιλία, τα συναισθήματα, τις αντιδράσεις και τις επιθυμίες τους. Για να αναπτυχθούμε, ωστόσο, πέρα από ένα ορισμένο πνευματικό επίπεδο, πρέπει να δεσμευτούμε να μελετήσουμε, να αναπτύξουμε, να εφαρμόσουμε και να επιτύχουμε απτά αποτελέσματα που διευρύνουν την επίγνωσή μας για τη ζωή. Ιδιαίτερα σε δύσκολους καιρούς, είναι ζωτικής σημασίας να εντείνουμε τις προσπάθειες για μελέτη και επιμελή εργασία.

Παρόλο που πολλοί άνθρωποι πιστεύουν ότι έχουν πλήρη κατανόηση της πραγματικότητας, η βαθύτερη έρευνα αποκαλύπτει εγωιστικές πεποιθήσεις και συλλογικές ψευδαισθήσεις, που σχηματίζονται από κοινές πεποιθήσεις και αντιλήψεις που μένουν αδιαμφισβήτητες. Αυτή η συλλογική ψευδαίσθηση είναι αντικειμενική μόνο όταν είναι καθολικά αποδεκτή. Δεν αντέχει στη δοκιμασία του χρόνου. Ωστόσο, ένα συλλογικό ψέμα μπορεί στην πραγματικότητα να διατηρήσει μια πραγματικότητα για ένα ορισμένο χρονικό διάστημα, αψηφώντας τη λογική και την κοινή λογική, όπως έχουμε δει σε όλη την ανθρώπινη ιστορία.

Το βαθύτερο μυστικό που κρύβεται από το κοινό είναι επίσης το πιο προφανές: οι πεποιθήσεις διαμορφώνουν την πραγματικότητά μας. Όταν αποτυγχάνουμε να ενεργήσουμε συνειδητά λόγω των πεποιθήσεών μας, υποκύπτουμε στην πραγματικότητα που επιβάλλουν οι άλλοι. Αρνούμενοι να αναγνωρίσουν την πραγματικότητα που τους επιβάλλεται και αναζητώντας βαθύτερο νόημα στις συλλογικές αυταπάτες, οι άνθρωποι βασίζονται στην τύχη για να έχουν αποτελέσματα και περιμένουν ότι τα πράγματα θα συμβούν τυχαία. Παραδίδονται ολοκληρωτικά σε αυτή την πραγματικότητα, εκλαμβάνοντάς την εσφαλμένα ως θεϊκή τάξη.

Ανάμεσα σε αυτά τα άτομα, η αληθινή λαμπρότητα ενός επιτυχημένου ανθρώπου εκδηλώνεται στην προσέγγισή τους στη ζωή. Αυτό που κάποιοι αντιλαμβάνονται ως μεγαλοφυΐα ή τύχη είναι στην πραγματικότητα το αποτέλεσμα επίμονης προσπάθειας, βαθιάς περισυλλογής και συμβατικής σοφίας. Η αφοσίωσή τους στην έρευνα και τη σε βάθος μάθηση τους κάνει να ξεχωρίζουν από τους υπόλοιπους. Αναγνωρίζοντας την κυκλική φύση της ανθρώπινης εμπειρίας και τη σημασία της ταπεινότητας, υπερβαίνουν τις περιορισμένες αντιλήψεις και συμβάλλουν στη συλλογική εξέλιξη της ανθρωπότητας. Μέσα από την αταλάντευτη δέσμευση, την ενδοσκόπηση και το θάρρος να αμφισβητούμε τα συμβατικά πρότυπα, μπορούμε κι εμείς να οικοδομήσουμε μια ζωή με σκοπό και διαρκή αντίκτυπο.

Καλλιεργώντας μια ανώτερη συνείδηση και αμφισβητώντας υποθέσεις που αποδεχόμαστε ως αλήθειες, δημιουργούμε χώρο για απρόβλεπτα αποτελέσματα. Μπορεί να προκύψουν αμφιβολίες και αβεβαιότητες στην πορεία, αλλά επιμένοντας, χτίζουμε ανθεκτικότητα και δύναμη για να ξεπεράσουμε τα εμπόδια και να πετύχουμε τους στόχους μας. Για να απελευθερωθούμε από τους αρνητικούς κύκλους, ωστόσο, πρέπει να αναγνωρίσουμε τους περιορισμούς και τις ατέλειές μας, καθώς και εκείνες των άλλων. Η συγχώρεση, η εμπιστοσύνη και η συναισθηματική κυριαρχία μπορούν να μας ωθήσουν προς τα εμπρός και να μας βοηθήσουν να ξεπεράσουμε εμπόδια που κάποτε έμοιαζαν ανυπέρβλητα.

Αντιμετωπίζοντας τα αρνητικά μοτίβα σκέψης και αναλαμβάνοντας αποφασιστική δράση, μπορούμε σταδιακά να φιμώσουμε τη φωνή της αμφιβολίας και να καλλιεργήσουμε την αυτοπεποίθηση. Αυτή η δέσμευση στη μάθηση, σε συνδυασμό με την ταπεινότητα, μας επιτρέπει να ξεπερνάμε τους περιορισμούς και να επιτυγχάνουμε σε όλους τους τομείς.

Εν ολίγοις, η ανθρωπότητα βρίσκεται σε μια πορεία προς τη διαφώτιση, καθοδηγούμενη από έναν οικουμενικό σκοπό που απαιτεί αυτογνωσία και υπεύθυνη δράση. Ενώ κάποιοι προσκολλώνται στην αυταπάτη και τη συλλογική ψευδαίσθηση, άλλοι υπερβαίνουν αυτούς τους περιορισμούς και αναζητούν μια ανώτερη συνείδηση. Αμφισβητώντας τους κοινωνικούς κανόνες και αφιερώνοντας τον εαυτό τους στην ενδοσκόπηση, τα άτομα αυτά απελευθερώνονται από αρνητικούς κύκλους και επιτυγχάνουν μια συνείδηση που τους οδηγεί στην επιτυχία. Αυτοί είναι οι άνθρωποι που χρειάζεται η ανθρωπότητα για να εξελιχθεί και να φτάσει στα υψηλότερα επίπεδα, περιοριζόμενοι μόνο από τη φαντασία τους.

Κεφάλαιο 20: Κατακτώντας την τέχνη της παραγωγικότητας

Παρακάτω παρατίθενται οι 10 βασικές αρχές που συνοψίζουν τη διδασκαλία για το πώς να ξεπεράσετε την αναβλητικότητα. Ενσωματώνοντάς τες στην καθημερινή σας ζωή, μπορείτε να αυξήσετε σημαντικά την παραγωγικότητά σας και να επιτύχετε τους στόχους σας πιο αποτελεσματικά.

1. Ευθυγραμμίστε τις ενέργειές σας με τις βασικές σας αξίες: Τα αληθινά κίνητρα προέρχονται από το να ζείτε σε ευθυγράμμιση με τις βασικές σας αξίες και τα όνειρά σας. Όταν οι στόχοι σας είναι ευθυγραμμισμένοι με τις πεποιθήσεις σας, αισθάνεστε φυσικά την ορμή να τους επιτύχετε.

2. Αγκαλιάστε την αυτονομία και την κυριαρχία: Η καλλιέργεια της αίσθησης της αυτονομίας και του ελέγχου της ζωής σας είναι απαραίτητη. Η αυτονομία οδηγεί στην παρακίνηση, ενώ η μαεστρία περιλαμβάνει μια συνεχή διαδικασία ανάπτυξης και μάθησης. Μαζί,

η αυτονομία και η μαεστρία δημιουργούν μια ισχυρή δύναμη για την προσωπική ανάπτυξη.

3. Διαχωρίστε τα καθήκοντα σε διαχειρίσιμα βήματα: Τα μεγάλα καθήκοντα μπορεί να φαίνονται συντριπτικά και να οδηγούν σε αναβλητικότητα. Με το σπάσιμό τους σε μικρότερα, εφικτά βήματα, μπορείτε να δημιουργήσετε δυναμική και να κάνετε την πρόοδο πιο εφικτή.

4. Δημιουργήστε ένα υποστηρικτικό περιβάλλον: Περιβάλλετε τον εαυτό σας με υποστηρικτικούς ανθρώπους και κρατήστε το χώρο εργασίας σας ελεύθερο από περισπασμούς. Ένα υποστηρικτικό περιβάλλον αυξάνει την εστίαση και τα κίνητρα, δημιουργώντας τις προϋποθέσεις για επιτυχία.

5. Μείνετε συγκεντρωμένοι: Ορίστε προθεσμίες και ιεραρχήστε τις εργασίες σας. Χρησιμοποιήστε τις προθεσμίες αποτελεσματικά: Αντί να τις βλέπετε ως πηγή άγχους, χρησιμοποιήστε τις για να δημιουργήσετε επείγοντα και να δώσετε προτεραιότητα στις εργασίες. Όταν προσεγγίζονται με τη σωστή νοοτροπία, οι προθεσμίες μπορούν να γίνουν ισχυρά κίνητρα.

6. Ελέγξτε τα συναισθήματά σας: Η ρύθμιση των συναισθημάτων είναι θεμελιώδης για την παραγωγικότητα. Σας βοηθά να παίρνετε έξυπνες αποφάσεις και να παραμένετε παρακινημένοι, ακόμη και σε δύσκολες καταστάσεις.

7. Αμφισβητήστε την αρνητική αυτο-ομιλία: Η αναβλητικότητα συχνά προκαλείται από την αυτο-αμφισβήτηση και τις αρνητικές σκέψεις. Αμφισβητήστε ενεργά αυτές τις σκέψεις και αντικαταστήστε

τις με επιβεβαιώσεις των ικανοτήτων και των δυνατών σημείων σας, προκειμένου να οικοδομήσετε αυτοπεποίθηση.

8. Γιορτάστε τις μικρές νίκες: Αναγνωρίστε και γιορτάστε τους μικρούς θριάμβους στην πορεία. Αυτό ενισχύει την αυτοπεποίθηση και ενισχύει τη θετική συμπεριφορά, δημιουργώντας έναν κύκλο επιβράβευσης που ενθαρρύνει την περαιτέρω δράση.

9. Χρησιμοποιήστε τον οραματισμό: Ο οραματισμός περιλαμβάνει τη νοερή επανάληψη των επιθυμητών αποτελεσμάτων και των βημάτων που απαιτούνται για την επίτευξή τους. Αυτή η ισχυρή τεχνική μπορεί να αυξήσει τα κίνητρα και να σας προετοιμάσει για την επιτυχία, προετοιμάζοντας το μυαλό σας για τα καθήκοντα που έρχονται.

10. Συγχωρήστε και προχωρήστε: Εξασκηθείτε στην αυτοσυγχώρεση και αποδεχτείτε ότι εσείς και οι άλλοι είστε ατελείς. Απελευθερώνοντας τον εαυτό σας από αρνητικά μοτίβα και κύκλους σκέψεων, μπορείτε να ξεκλειδώσετε το πλήρες δυναμικό σας και να αναπτυχθείτε ως άτομο.

Εκτός από αυτές τις αρχές, το βιβλίο δίνει έμφαση σε ένα ολοκληρωμένο σύνολο δεξιοτήτων που, όταν αναπτυχθούν και εξασκηθούν, μπορούν να αυξήσουν σημαντικά την παραγωγικότητα και να βοηθήσουν στην αντιμετώπιση της αναβλητικότητας.

Εσωστρέφεια: Κατανόηση των προσωπικών κινήτρων, των εναυσμάτων και των μοτίβων αναβλητικότητας.

Ρύθμιση: Αποτελεσματική διαχείριση των συναισθημάτων για τη διατήρηση των κινήτρων, της παραγωγικότητας και της ανθεκτικότητας.

Προγραμματισμός: Καθορισμός σαφών, συγκεκριμένων, εφικτών, σχετικών και χρονικά περιορισμένων στόχων για την παροχή κατεύθυνσης και σκοπού.

Ιεράρχηση προτεραιοτήτων: Εφαρμογή τεχνικών και εργαλείων παραγωγικότητας για τη βελτίωση της διαχείρισης του χρόνου και την εστίαση σε καθήκοντα υψηλής προτεραιότητας.

Πειθαρχία: Καλλιέργεια σταθερών συνηθειών και ρουτινών που υποστηρίζουν τους μακροπρόθεσμους στόχους και προάγουν τον αυτοέλεγχο.

Οραματισμός: Νοητική πρόβα των επιθυμητών αποτελεσμάτων και των βημάτων που απαιτούνται για την επίτευξή τους, αυξάνοντας τα κίνητρα και την προετοιμασία.

Ευελιξία: Μάθηση από τις αναποδιές και προσαρμογή των στρατηγικών ανάλογα με τις ανάγκες για την αντιμετώπιση των προκλήσεων.

Αισιοδοξία: Διατήρηση θετικής στάσης, εξάσκηση στην αυτοσυμπόνια και αναδιαμόρφωση των αρνητικών σκέψεων για τη διατήρηση μιας θετικής προοπτικής.

Επικοινωνία: Ανάπτυξη και διατήρηση υποστηρικτικών σχέσεων που παρέχουν κίνητρα, υπευθυνότητα και ενθάρρυνση.

Εστίαση: Ασκηση της επίγνωσης και του αναστοχασμού της παρούσας στιγμής για την αύξηση της εστίασης, της σαφήνειας και της συναισθηματικής ευεξίας.

Κατακτώντας αυτές τις αρχές και δεξιότητες, θα είστε καλά εξοπλισμένοι για να ξεπεράσετε την αναβλητικότητα και να επιτύχετε τους στόχους σας με μεγαλύτερη αποτελεσματικότητα και ικανοποίηση.

Κεφάλαιο 21:
Δέκα καθημερινές ερωτήσεις για παρακίνηση και πειθαρχία

Ακολουθούν δέκα καθημερινές ερωτήσεις που θα σας βοηθήσουν να παραμείνετε παρακινημένοι, πειθαρχημένοι και απαλλαγμένοι από την αναβλητικότητα, με βάση τις αρχές αυτού του βιβλίου.

1. Είναι οι τρέχουσες ενέργειές σας ευθυγραμμισμένες με τις βασικές σας αξίες και τους μακροπρόθεσμους στόχους σας; Ο αναστοχασμός πάνω σε αυτή την ερώτηση διασφαλίζει ότι οι καθημερινές σας δραστηριότητες είναι ευθυγραμμισμένες με ό,τι είναι πραγματικά σημαντικό για εσάς, γεγονός που προάγει την εσωτερική παρακίνηση.

2. Λαμβάνετε σήμερα μέτρα για να καλλιεργήσετε την αίσθηση της αυτονομίας και της κυριαρχίας σας; Σκεφτείτε αν συμμετέχετε σε

ενδυναμωτικές δραστηριότητες που προάγουν την προσωπική σας ανάπτυξη, η οποία είναι απαραίτητη για τη διατήρηση των κινήτρων.

3. Έχετε χωρίσει τα καθήκοντά σας σε διαχειρίσιμα βήματα; Αξιολογήστε αν έχετε αναλύσει τα μεγαλύτερα έργα σε μικρότερα, διαχειρίσιμα καθήκοντα, αποφεύγοντας έτσι το αίσθημα υπερφόρτωσης και αυξάνοντας την παραγωγικότητά σας.

4. Είναι το εργασιακό σας περιβάλλον υποστηρικτικό και παραγωγικό; Αξιολογήστε αν το περιβάλλον, συμπεριλαμβανομένων των ανθρώπων με τους οποίους συναναστρέφεστε, βοηθά ή εμποδίζει την εστίαση και τα κίνητρά σας.

5. Χρησιμοποιείτε αποτελεσματικά τις προθεσμίες για να δημιουργήσετε επείγοντα και να ιεραρχήσετε τις εργασίες σας; Σκεφτείτε πώς αντιλαμβάνεστε τις προθεσμίες: προκαλούν άγχος ή χρησιμεύουν ως κίνητρο; Προσαρμόστε ανάλογα τη νοοτροπία σας.

6. Πώς διαχειρίζεστε σήμερα τα συναισθήματά σας; Σκεφτείτε αν έχετε τον έλεγχο των συναισθηματικών σας αντιδράσεων και αν βοηθούν ή εμποδίζουν την παραγωγικότητά σας.

7. Ποια αρνητική αυτο-ομιλία έχετε και πώς μπορείτε να την αμφισβητήσετε; Εντοπίστε τυχόν αμφιβολίες ή αρνητικές σκέψεις και αντικαταστήστε τις ενεργά με επιβεβαιώσεις που ενισχύουν τα δυνατά σας σημεία.

8. Γιορτάσατε κάποιες μικρές νίκες σήμερα; Αναγνωρίστε τα επιτεύγματά σας, όσο μικρά κι αν είναι, για να ενισχύσετε την αυτοπεποίθησή σας και να δημιουργήσετε έναν θετικό βρόχο ανατροφοδότησης που ενθαρρύνει την περαιτέρω δράση.

9. Χρησιμοποιείτε τεχνικές οπτικοποίησης για να προετοιμαστείτε για τα καθήκοντά σας; Εξετάστε το ενδεχόμενο να προβάλετε νοερά τα επιθυμητά αποτελέσματα και τα βήματα που απαιτούνται για την επίτευξή τους, καθώς αυτό μπορεί να αυξήσει τα κίνητρά σας.

10. Έχετε εξασκηθεί σήμερα στην αυτοβελτίωση; Σκεφτείτε αν αφήνετε πίσω σας τα λάθη και τις ατέλειες του παρελθόντος, κάτι που είναι απαραίτητο για την προσωπική σας ανάπτυξη και την πλήρη αξιοποίηση των δυνατοτήτων σας.

Το να κάνετε τακτικά αυτές τις ερωτήσεις στον εαυτό σας μπορεί να σας βοηθήσει να παραμείνετε επικεντρωμένοι στους στόχους σας, να αυξήσετε την παραγωγικότητά σας και να ξεπεράσετε αποτελεσματικά την αναβλητικότητα. Η πρακτική αυτή ενθαρρύνει τον αυτοστοχασμό και τις προληπτικές αλλαγές στις καθημερινές σας συνήθειες, οδηγώντας τελικά σε μεγαλύτερη επιτυχία και ολοκλήρωση στην προσωπική και επαγγελματική σας ζωή.

Γλωσσάριο

Πρόβλεψη: Λειτουργεί ως ισχυρό κίνητρο και ενισχυτής της απόδοσης, παρόμοια με την ύπαρξη ενός νοητικού οδικού χάρτη που εξασφαλίζει την αποτελεσματική ολοκλήρωση των εργασιών.

Αυτοέλεγχος: Η ικανότητα ρύθμισης των παρορμήσεων, των συναισθημάτων και της συμπεριφοράς. Χρησιμεύει ως βάση για την προσωπική ανάπτυξη και την επίτευξη στόχων.

Συναισθηματική κυριαρχία: Περιλαμβάνει την κατανόηση και τη διαχείριση των συναισθημάτων του ατόμου. Αυτό διευκολύνει τη λήψη τεκμηριωμένων αποφάσεων, αυξάνει την παραγωγικότητα και συμβάλλει στη γενική ευημερία.

Παιχνιδοποίηση: Μετατρέπει τις συνηθισμένες εργασίες σε ελκυστικά παιχνίδια, χρησιμοποιώντας ανταμοιβές και προκλήσεις για τη διατήρηση των κινήτρων και της δέσμευσης.

Βρόχος ανταμοιβής: Ένα μοτίβο συμπεριφοράς που διαμορφώνει τις ενέργειές μας. Η θετική ενίσχυση, μέσω ανταμοιβών, μας ενθαρρύνει να το επαναλάβουμε. Αυτή η αρχή στηρίζει την αποτελεσματικότητα της παιχνιδοποίησης και άλλων στρατηγικών παρακίνησης.

Νοοτροπία ανάπτυξης: Η πεποίθηση ότι οι δεξιότητες μπορούν να αναπτυχθούν μέσω σκληρής εργασίας και αφοσίωσης. Αυτή η νοοτροπία είναι ένα ισχυρό εργαλείο για την υπέρβαση των εμποδίων και την επίτευξη των στόχων.

Μικρο-βήματα: Πρόκειται για μικρές, συνεπείς ενέργειες που δημιουργούν δυναμική και μειώνουν το αίσθημα υπερβολής που συνδέεται με τα μεγάλα καθήκοντα.

Ορμή: Παρόμοια με μια πέτρα που κυλάει στην κατηφόρα, ωθεί τα άτομα προς τα εμπρός με κάθε επιτυχημένη και στοχευμένη ενέργεια.

Κίνητρο: Οδηγεί τα άτομα να ενεργούν και να ολοκληρώνουν τα καθήκοντα. Προέρχεται από διάφορους παράγοντες, συμπεριλαμβανομένων των προσωπικών αξιών, των στόχων, των συναισθηματικών καταστάσεων και των εξωτερικών επιρροών. Η κατανόηση και η ευθυγράμμιση των ενεργειών με αυτούς τους παράγοντες παρακίνησης είναι το κλειδί για την υπέρβαση της αναβλητικότητας και την επίτευξη των στόχων.

Προθεσμίες: Λειτουργούν ως χρονικοί περιορισμοί, παρέχοντας εστίαση και καθοδηγώντας την πρόοδο. Δημιουργούν μια αίσθηση επείγοντος και μας βοηθούν να θέσουμε προτεραιότητες.

Αναβλητικότητα: Συνίσταται στην αναβολή ή την αποφυγή μιας εργασίας ή μιας ευθύνης. Συχνά προκύπτει από έλλειψη κινήτρων, αυτοελέγχου ή αναποτελεσματικής διαχείρισης του χρόνου. Για την αποτελεσματική καταπολέμησή της, είναι σημαντικό να εντοπίσουμε και να αντιμετωπίσουμε τα βαθύτερα αίτιά της.

Στοχευμένη παραγωγικότητα: Αυτή συνίσταται στην ολοκλήρωση των καθημερινών εργασιών και συνηθειών με τρόπο που ευθυγραμμίζεται με τις αξίες και τους στόχους του κάθε ατόμου. Αυτή η αίσθηση σκοπού παρέχει τα απαραίτητα κίνητρα για επιμονή και προάγει την αίσθηση ολοκλήρωσης.

Σύνδρομο του απατεώνα: Εμφανίζεται όταν τα άτομα, παρά τις αποδείξεις των ικανοτήτων τους, βιώνουν μια αίσθηση ανεπάρκειας.

Οραματισμός: Συνίσταται στη δημιουργία μιας νοητικής εικόνας και στην πρόβα των επιθυμητών αποτελεσμάτων. Βοηθά στην ανάπτυξη δεξιοτήτων με τη δημιουργία μιας νοητικής αναπαράστασης αυτού που θέλετε να επιτύχετε. Ο οραματισμός είναι ένα ισχυρό εργαλείο για την αντιμετώπιση της αναβλητικότητας και την επίτευξη των στόχων.

Βιβλιογραφικές Αναφορές

Aafjes-Doorn, K., Garay, C., Etchebarne, I., Kamsteeg, C., & Rousso, A. (2020). Psychotherapy for personal growth: A multicultural and multitheoretical exploration. *Journal of Clinical Psychology*.

Abdel-Khalik, A., Adam, S., & Azeem, H. A. (2021). Developing strategies for overcoming challenges faced by postgraduate nursing students. *Journal of Advanced Nursing, 77*(12), 737–750.

Adrianson, L., Ancok, D., Ramdhani, N., & Archer, T. (2013). Cultural influences upon health, affect, self-esteem and impulsiveness: An Indonesian-Swedish comparison. *International Journal of Research Studies in Psychology, 2*(2), 25–44.

Al-Mansoori, R. S., Al-Thani, D., & Ali, R. (2023). Designing for digital wellbeing: From theory to practice a scoping review. *Human Behavior and Emerging Technologies*.

Aschieri, F., Emmerik, A. V., Wibbelink, C. J. M., & Kamphuis, J. (2023). A systematic research review of collaborative assessment methods. *Psychotherapy*.

Bandyopadhyay, N. (2016). The role of self-esteem, negative affect and normative influence in impulse buying. *Marketing Intelligence & Planning, 34*(4), 523–539.

Basabe, N., Harizmendi, M., Carrasco, J. J. P., Telletxea, S., Castro-Abril, P., & Padoan, S. (2021). Collective violence and construction of peace culture in the Basque Country: Two experiences of memory, recognition and forgiveness. *Deusto Journal of Human Rights*.

Bast, D., & Barnes-Holmes, D. (2015a). Priming thoughts of failing versus succeeding and performance on the implicit relational assessment procedure (IRAP) as a measure of self-forgiveness. *The Psychological Record, 65*(4), 667–678.

Bast, D., & Barnes-Holmes, D. (2015b). Priming thoughts of failing versus succeeding and performance on the implicit relational assessment procedure (IRAP) as a measure of self-forgiveness. *The Psychological Record, 65*(4), 667–678.

Bernal-Guerrero, A., Cárdenas-Gutiérrez, A. R., & Martín-Gutiérrez, Á. (2023). Systemic approach to entrepreneurial identity and its educational projection. *Philosophies*.

Blom, V., Richter, A., Hallsten, L., & Svedberg, P. (2015). The associations between job insecurity, depressive symptoms and burnout: The role of performance-based self-esteem. *Economic and Industrial Democracy, 39*(1), 48–63.

Brown, J. D. (2010). High self-esteem buffers negative feedback: Once more with feeling. *Cognition and Emotion, 24*(8), 1389–1404.

Bryngeirsdottir, H. S., & Halldórsdóttir, S. (2022a). Fourteen main obstacles on the journey to post-traumatic growth as experienced by female survivors of intimate partner violence: "It was all so confusing." *International Journal of Environmental Research and Public Health, 19*(1).

Bryngeirsdottir, H. S., & Halldórsdóttir, S. (2022b). "I'm a winner, not a victim": The facilitating factors of post-traumatic growth among women who have suffered intimate partner violence. *International Journal of Environmental Research and Public Health, 19*(1).

Buitrago, M. F., Jara, L. M. M., Pérez, N. D. V., & García, N. G. (2023). Adaptation strategies in students with motor functional diversity. *Investigación y Educación En Enfermería, 41*(1).

Burton, J. P., Mitchell, T., & Lee, T. W. (2005). The role of self-esteem and social influences in aggressive reactions to interactional injustice. *Journal of Business and Psychology, 20*(2), 131–170.

Calvo, V., & Bianco, F. (2015). Influence of adult attachment insecurities on parenting self-esteem: The mediating role of dyadic adjustment. *Frontiers in Psychology, 6.*

Cameron, J. J., Stinson, D. A., Hoplock, L., Hole, C., & Schellenberg, J. (2016). The robust self-esteem proxy: Impressions of self-esteem inform judgments of personality and social value. *Self and Identity, 15*(5), 561–578.

Cavallo, J. V., & Hirniak, A. (2019). No assistance desired: How perceptions of others' self-esteem affect support-seeking. *Social Psychological and Personality Science, 10*(2), 193–200.

Chavez, F. L. C., Wolford, S. N., Kimmes, J. G., May, R., & Fincham, F. (2019). "I had let everyone, including myself, down": Illuminating the self-forgiveness process among female college students. *Journal of College and Character, 20*(2), 123–143.

Ćirjaković, D. S. (2024). Words that heal – Bibliotherapy for children's emotional and social growth. *Detinjstvo*.

Cowden, R., & Worthington, E. (2019). Overcoming failure in sport: A self-forgiveness framework. *Journal of Human Sport and Exercise*.

Cunff, A.-L. L. (2019). Mindframing: A proposed framework for personal growth.

DeMarco, M. J. (2024). 6-Fold path to self-forgiveness: An interdisciplinary model for the treatment of moral injury with intervention strategies for clinicians. *Frontiers in Psychology, 15*.

Duru, E., Balkıs, M., & Duru, S. (2023). Procrastination among adults: The role of self-doubt, fear of the negative evaluation, and irrational/rational beliefs. *Journal of Evidence-Based Psychotherapies*.

Erzar, T. (2018). Self-perceived victimhood and forgiveness in different generations of the right and left political group in Slovenia.

Gál, É., Tóth-Király, I., Szamosközi, I., & Orosz, G. (2020). Fixed intelligence mindset moderates the impact of adverse academic experiences on students' self-esteem. *Journal of College Student Retention, 24*(6), 1028–1053.

Gao, Y. (2024). Comparison of compulsory education between China and Britain. *Lecture Notes in Education Psychology and Public Media.*

Geraci, A. (2023). Teachers' emotional intelligence, burnout, work engagement, and self-efficacy during COVID-19 lockdown. *Behavioral Science, 13.*

Gilbert, P., & Woodyatt, L. (2017). An evolutionary approach to shame-based self-criticism, self-forgiveness, and compassion. In *The handbook of self-enhancement and self-protection* (pp. 29–41). Guilford Press.

Gilbey, D., Perry, Y., Lin, A., & Ohan, J. (2022). "Shame, doubt and sadness": A qualitative investigation of the experience of self-stigma in adolescents with diverse sexual orientations. *Youth.*

Gold, R., & Gold, A. (2023). "Am I a good enough therapist": Self-doubt among speech and language therapists. *International Journal of Language and Communication Disorders.*

Goodwyn, A. (2018). From personal growth (1966) to personal growth and social agency (2016) – proposing an invigorated model for the 21st century. *The Future of English Teaching Worldwide*.

Han, K. (2023). The role of the prison library. International Journal of Education and Humanities.

Hindmarch, L. (2008). An exploration of the experience of self-doubt in the coaching context and the strategies adopted by coaches to overcome it. *International Journal of Evidence Based Coaching and Mentoring, 6*(2), 1–13.

Hlava, P., Elfers, J., Bieber, J., Maitra, S., Burge, C., Howard, A., Carbajal, R., Jamieson, M., & Casey, A. (2024). Reorienting through the body: The correlation among self-transcendent emotion experiences and interoceptive awareness. *Journal of Humanistic Psychology*.

Ilies, R., Pater, I. D., & Judge, T. (2007). Differential affective reactions to negative and positive feedback, and the role of self-esteem. *Journal of Managerial Psychology, 22*(6), 590–609.

Kaygusuz, R., Tolan, Ö. Ç., & Aydoğdu, B. E. (2023). Mediating role of self-reflection and insight in the relationship between forgiveness and Gestalt contact disturbances. *Anadolu Üniversitesi Eğitim Fakültesi Dergisi*.

Kielkiewicz, K., Mathúna, C. Ó., & McLaughlin, C. (2019). Construct validity and dimensionality of the Rosenberg self-esteem scale and its association with spiritual values within Irish population. *Journal of Religion and Health, 59*(3), 381–398.

Kim, H. K. (2014). Overcoming resistance to health persuasion: Strategies to reduce self-defense motives.

Kita, Y., & Inoue, Y. (2017). The direct/indirect association of ADHD/ODD symptoms with self-esteem, self-perception, and depression in early adolescents. *Frontiers in Psychiatry, 8*.

Kocollari, U., Cavicchioli, M., & Demaria, F. (2023). The 5 E(lements) of employee-centric corporate social responsibility and their stimulus on happiness at work: An empirical investigation. *Corporate Social Responsibility and Environmental Management.*

Kolbina, L., Kasianenko, O., Sopivnyk, I., Karskanova, S., & Chepka, O. (2023). The role of inclusive education in the personal growth of a child with special educational needs. *Revista Amazonía Investiga.*

Kostromina, S., & Makarova, M. (2023). Quasi-development as an illusion of personal growth. *Changing Societies & Personalities.*

Lee, E., Choi, T. R., & Lee, T. (2023). The mediating role of forgiveness and self-efficacy in the relationship between childhood maltreatment and treatment motivation among Malaysian male drug addicts. *Frontiers in Psychology, 13*.

Miranti, M., & Karmiyati, D. (2024). Strategies for overcoming Cinderella complex syndrome in adolescent girls. *Vitamin: Jurnal Ilmu Kesehatan Umum.*

Mróz, J., Toussaint, L. L., & Kaleta, K. (2024). Association between religiosity and forgiveness: Testing a moderated mediation model of self-compassion and adverse childhood experiences. *Religions*.

Neiss, M. B., Stevenson, J., Legrand, L., Iacono, W., & Sedikides, C. (2009). Self-esteem, negative emotionality, and depression as a common temperamental core: A study of mid-adolescent twin girls. *Journal of Personality, 77*(2), 327–346.

Neiss, M. B., Stevenson, J., Sedikides, C., Kumashiro, M., Finkel, E., & Rusbult, C. (2005). Executive self, self-esteem, and negative affectivity: Relations at the phenotypic and genotypic level.

Nyuiemedi, A. E.-T., & Richardson, A.-M. (2024). Surviving child labour through forgiveness and self-efficacy: Implications for counselling practice. *International Journal of Psychology and Counselling*.

Oktriani, D. R., Hufad, A., & Utami, N. (2023). Overcoming the character crisis in children: Strategies, outcomes, and evaluations of Bina desa program. *Utamax Journal of Ultimate Research and Trends in Education*.

Oliveira, W., Esteca, A. M. N. N., Wechsler, S. M., & Menesini, E. (2024). Bullying and cyberbullying in school: Rapid review on the roles of gratitude, forgiveness, and self-regulation. *International Journal of Environmental Research and Public Health, 21*(1).

Onal, A. A., & Yalçin, I. (2017). Self-forgiveness: The predictive role of cognitive distortions.

Paleari, G. F., Danioni, F., Pelucchi, S., Lombrano, M. R., Lumera, D., & Regalia, C. (2022). The relationship between self-forgiveness and psychological wellbeing in prison inmates: The mediating role of mindfulness. *Criminal Behaviour and Mental Health, 32*(4), 337–349.

Paluckaitė, U., & Žardeckaitė-Matulaitienė, K. (2019). Overcoming strategies of adolescents' risky online self-disclosure. *E-Methodology*.

Park, H.-J., & Jeon, K. (2013). Fashion savvy II: The influences of fear of negative evaluation by others, self-esteem, and consumer confidence in fashion decisions on fashion savvy. *The Research Journal of the Costume Culture, 21*(4), 562–575.

Perikova, E., & Bysova, V. M. (2018). Metacognition strategies in overcoming difficult life situations with the main focus on different levels of personal self-regulation. *The Novosibirsk State Pedagogical University Bulletin*.

Ponomarenko, N. (2022). Different approaches to the definition of the concept of "need for self-realization" in professional activity. *Educational Dimension*.

Ponte, J. P. M. D., Quaresma, M., & Mata-Pereira, J. (2022). Teachers' learning in lesson study: Insights provided by a modified version of the interconnected model of teacher professional growth. *ZDM – Mathematics Education, 54*(3), 373–386.

Purebl, G., Schnitzspahn, K., & Zsák, É. (2023). Overcoming treatment gaps in the management of depression with non-pharmacological adjunctive strategies. *Frontiers in Psychiatry, 14*.

Reitzes, D., Mutran, E., & Fernandez, M. E. (1996). Preretirement influences on postretirement self-esteem. *The Journals of Gerontology Series B: Psychological Sciences and Social Sciences, 51*(5), S242-9.

Ricciardelli, L., & McCabe, M. (2001). Self-esteem and negative affect as moderators of sociocultural influences on body dissatisfaction, strategies to decrease weight, and strategies to increase muscles among adolescent boys and girls. *Sex Roles, 44*(3-4), 189–207.

Rose, A. D. (1995). The dynamics of personal growth, development and change. *Adult Learning, 6*(3), 29–5.

Ruini, C., Offidani, E., & Vescovelli, F. (2015). Life stressors, allostatic overload, and their impact on posttraumatic growth. *Journal of Loss and Trauma, 20*(2), 109–122.

Sica, L., & Sestito, L. A. (2021). Personal skills for optimal identity development: A person-centered approach in Italian late-adolescents. *Journal for Person-Oriented Research, 7*(1), 36–51.

Silverberg, C. M. (2019). Critical embodied praxis for social justice and peace educators: A story of personal transformation through analysis of my Jewish and settler identities.

Skolnick, V. G., Lynch, B., Smith, L., Romanowicz, M., Blain, G., & Toussaint, L. (2023). The association between parent and child ACEs is buffered by forgiveness of others and self-forgiveness. *Journal of Child and Adolescent Trauma, 16*(4), 995–1003.

Suh, A., & Cheung, C. M. K. (2017). Beyond hedonic enjoyment: Conceptualizing eudaimonic motivation for personal informatics technology usage. *Interacción, 119–133*.

Swiger, T. (2020). Morally injurious experiences of combat-exposed veterans of Iraq and Afghanistan: Moderating effects of self-forgiveness on feelings of shame and guilt.

Thompson, J. K., Shroff, H., Herbozo, S., Cafri, G., Rodriguez, J., & Rodriguez, M. (2007). Relations among multiple peer influences, body dissatisfaction, eating disturbance, and self-esteem: A comparison of average weight, at risk of overweight, and overweight adolescent girls. *Journal of Pediatric Psychology, 32*(1), 24–29.

Tyan, M. (2023). The influence of the main strategies overcoming stress on professional activity of transport police officers. *Applied Psychology and Pedagogy*.

Tyler, J., Branch, S., & Kearns, P. (2016). Dispositional need to belong moderates the impact of negative social cues and rejection on self-esteem. *Social Psychology, 47*(2), 179–186.

Vets, I. V. (2023). Conscious self-regulation and coping strategies as resources for overcoming difficult life situations. *Theoretical and Experimental Psychology*.

Walbrugh, V. (2016). How to deal with low self-esteem: A 5-step, CBT-based plan for overcoming thoughts and eliminating self-doubt. *Educational Psychology in Practice, 32*(3), 324–324.

Westover, J. (2024). Overcoming feelings of being stuck: Strategies for moving your career forward. *Human Capital Leadership Review*.

Woodyatt, L., Cornish, M., & Cibich, M. (2017). Self-forgiveness at work: Finding pathways to renewal when coping with failure or perceived transgressions. In *The handbook of self-enhancement and self-protection* (pp. 293–307). Guilford Press.

Wu, J., Cheung, H., & Chan, R. (2017). Changing definition of teacher professionalism: Autonomy and accountability. In *Educational governance and accountability* (pp. 59–70). Springer.

Wu, L.-Z., Birtch, T. A., Chiang, F., & Zhang, H. (2018). Perceptions of negative workplace gossip: A self-consistency theory framework. *Journal of Management, 44*(5), 1873–1898.

Yashchenko, E. (2023). Interpersonal conflict, values, strategies for overcoming stress situations of students before and after the start of a special military operation. *Вестник Университета*.

Zaki, A., Nasution, I., Informasi, L., lDiri, K., & Smartphone, K. (2023). Implementation of information services through self-control strategies in overcoming smartphone addiction in students. *Jurnal Ilmiah Sekolah Dasar*.

Αίτημα αναθεώρησης βιβλίου

Αγαπητέ αναγνώστη,

Σας ευχαριστούμε που αγοράσατε αυτό το βιβλίο! Θα ήθελα πολύ να ακούσω νέα σας. Η συγγραφή μιας βιβλιοκριτικής μας βοηθά να κατανοήσουμε τους αναγνώστες μας και επηρεάζει επίσης τις αποφάσεις αγοράς άλλων αναγνωστών. Η γνώμη σας είναι σημαντική. Παρακαλώ γράψτε μια κριτική βιβλίου! Η καλοσύνη σας εκτιμάται πολύ!

Σχετικά με τον συγγραφέα

Ο Dan Desmarques είναι ένας διάσημος συγγραφέας με αξιοσημείωτη πορεία στον κόσμο της λογοτεχνίας. Με ένα εντυπωσιακό χαρτοφυλάκιο 28 μπεστ σέλερ στο Amazon, συμπεριλαμβανομένων οκτώ #1 μπεστ σέλερ, ο Dan είναι μια αξιοσέβαστη προσωπικότητα στον κλάδο. Αξιοποιώντας το υπόβαθρό του ως καθηγητής πανεπιστημίου ακαδημαϊκής και δημιουργικής γραφής, καθώς και την εμπειρία του ως έμπειρος σύμβουλος επιχειρήσεων, ο Dan προσφέρει έναν μοναδικό συνδυασμό τεχνογνωσίας στο έργο του. Οι βαθιές ιδέες του και το μεταμορφωτικό του περιεχόμενο απευθύνονται σε ένα ευρύ κοινό, καλύπτοντας θέματα τόσο διαφορετικά όσο η προσωπική ανάπτυξη, η επιτυχία, η πνευματικότητα και το βαθύτερο νόημα της ζωής. Μέσα από τα γραπτά του, ο Dan ενδυναμώνει τους αναγνώστες να απελευθερωθούν από τους περιορισμούς, να απελευθερώσουν το εσωτερικό τους δυναμικό και να ξεκινήσουν ένα ταξίδι αυτογνωσίας και μεταμόρφωσης. Σε μια ανταγωνιστική αγορά αυτοβοήθειας, το εξαιρετικό ταλέντο και οι εμπνευσμένες ιστορίες του Dan τον κάνουν να ξεχωρίζει ως συγγραφέα, παρακινώντας τους αναγνώστες να ασχοληθούν με τα βιβλία του και να ξεκινήσουν ένα μονοπάτι προσωπικής ανάπτυξης και διαφώτισης.

Επίσης γραμμένο από τον συγγραφέα

1. 66 Days to Change Your Life: 12 Steps to Effortlessly Remove Mental Blocks, Reprogram Your Brain and Become a Money Magnet

2. A New Way of Being: How to Rewire Your Brain and Take Control of Your Life

3. Abnormal: How to Train Yourself to Think Differently and Permanently Overcome Evil Thoughts

4. Alignment: The Process of Transmutation Within the Mechanics of Life

5. Audacity: How to Make Fast and Efficient Decisions in Any Situation

6. Beyond Belief: Discovering Sacred Moments in Everyday Life

7. Beyond Illusions: Discovering Your True Nature

8. Beyond Self-Doubt: Unleashing Boundless Confidence for Extraordinary Living

9. Breaking Free from Samsara: Achieving Spiritual Liberation and Inner Peace

10. Breakthrough: Embracing Your True Potential in a Changing World

11. Christ Cult Codex: The Untold Secrets of the Abrahamic Religions and the Cult of Jesus

12. Codex Illuminatus: Quotes & Sayings of Dan Desmarques

13. Collective Consciousness: How to Transcend Mass Consciousness and Become One With the Universe

14. Creativity: Everything You Always Wanted to Know About How to Use Your Imagination to Create Original Art That People Admire

15. Deception: When Everything You Know about God is Wrong

16. Demigod: What Happens When You Transcend The Human Nature?

17. Discernment: How Do Your Emotions Affect Moral Decision-Making?

18. Design Your Dream Life: A Guide to Living Purposefully

19. Eclipsing Mediocrity: How to Unveil Hidden Realities and Master Life's Challenges

20. Energy Vampires: How to Identify and Protect Yourself

21. Fearless: Powerful Ways to Get Abundance Flowing into Your Life

22. Feel, Think and Grow Rich: 4 Elements to Attract Success in Life

23. Find More with Less: Uncluttering Your Mind, Body, and Soul

24. Find Your Flow: How to Get Wisdom and Knowledge from God

25. Forbidden Knowledge: Uncovering the Secrets of Ancient Civilizations and Alien Intervention

26. Hacking the Universe: The Revolutionary Way to Achieve Your Dreams and Unleash Your True Power

27. Holistic Psychology: 77 Secrets about the Mind That They Don't Want You to Know

28. How to Change the World: The Path of Global Ascension Through Consciousness

29. How to Get Lucky: How to Change Your Mind and Get Anything in Life

30. How to Improve Your Self-Esteem: 34 Essential Life

Lessons Everyone Should Learn to Find Genuine Happiness

31. How to Study and Understand Anything: Discovering The Secrets of the Greatest Geniuses in History

32. How to Spot and Stop Manipulators: Protecting Yourself and Reclaiming Your Life

33. Intuition: 5 Keys to Awaken Your Third Eye and Expand Spiritual Perception

34. Karma Mastery: Transforming Life's Lessons into Conscious Creations

35. Legacy: How to Build a Life Worth Remembering

36. Master Your Emotions: The Art of Intentional Living

37. Mastering Alchemy: The Key to Success and Spiritual Growth

38. Metanoia Mechanics: The Secret Science of Profound Mental Shifts

39. Metamorphosis: 16 Catalysts for Unconventional Growth and Transformation

40. Mindshift: Aligning Your Thoughts for a Better Life

41. Mind Over Madness: Strategies for Thriving Amidst C haos

42. Money Matters: A Holistic Approach to Building Financial Freedom and Well-Being

43. Now: Crushing Procrastination and Skyrocketing Productivity

44. Quantum Leap: Unleashing Your Infinite Potential

45. Religious Leadership: The 8 Rules Behind Successful Congregations

46. Reset: How to Observe Life Through the Hidden Dimensions of Reality and Change Your Destiny

47. Resilience: The Art of Confronting Reality Against the dds

48. Raise Your Frequency: Aligning with Higher Consciousness

49. Revelation: The War Between Wisdom and Human Perception

50. Spiritual Anarchist: Breaking the Chains of Consensual Delusion

51. Spiritual DNA: Bridging Science and Spirituality to Live Your Best Life

52. Spiritual Warfare: What You Need to Know About Overcoming Adversity

53. Starseed: Secret Teachings about Heaven and the Future

of Humanity

54. Stupid People: Identifying, Analyzing and Overcoming Their Toxic Influence

55. Technocracy: The New World Order of the Illuminati and The Battle Between Good and Evil

56. The 10 Laws of Transmutation: The Multidimensional Power of Your Subconscious Mind

57. The 14 Karmic Laws of Love: How to Develop a Healthy and Conscious Relationship With Your Soulmate

58. The 33 Laws of Persistence: How to Overcome Obstacles and Upgrade Your Mindset for Success

59. The 36 Laws of Happiness: How to Solve Urgent Problems and Create a Better Future

60. The Alchemy of Truth: Embracing Change and Transcending Time

61. The Altruistic Edge: Succeeding by Putting Others First

62. The Antagonists: What Makes a Successful Person Different?

63. The Antichrist: The Grand Plan of Total Global Enslavement

64. The Art of Letting Go: Embracing Uncertainty and Living a Fulfilling Life

65. The Awakening: How to Turn Darkness Into Light and Ascend to Higher Dimensions of Existence

66. The Egyptian Mysteries: Essential Hermetic Teachings for a Complete Spiritual Reformation

67. The Dark Side of Progress: Navigating the Pitfalls of Technology and Society

68. The Evil Within: The Spiritual Battle in Your Mind Deception: When Everything You Know about God is W rong

69. The Game of Life and How to Play It: How to Get Anything You Want in Life

70. The Hidden Language of God: How to Find a Balance Between Freedom and Responsibility

71. The Mosaic of Destiny: Deciphering the Patterns of Your Life

72. The Most Powerful Quotes: 400 Motivational Quotes and Sayings

73. The Multidimensional Nature of Reality: Transcending the Limits of the Human Mind

74. The Secret Beliefs of The Illuminati: The Complete Truth About Manifesting Money Using The Law of Attraction That is Being Hidden From You

75. The Secret Empire: The Hidden Truth Behind the Power Elite and the Knights of the New World Order

76. The Secret Science of the Soul: How to Transcend Common Sense and Get What You Really Want From Life

77. The Spiritual Laws of Money: The 31 Best-kept Secrets to Life-long Abundance

78. The Spiritual Mechanics of Love: Secrets They Don't Want You to Know about Understanding and Processing Emotions

79. The Universal Code: Understanding the Divine Blueprint

80. The Unknown: Exploring Infinite Possibilities in a Conformist World

81. The Narcissist's Secret: Why They Hate You (and What to Do About It)

82. Thrive: Spark Creativity, Overcome Obstacles and Unleash Your Potential

83. Transcend: Embracing Change and Overcoming Life's Challenges

84. Uncharted Paths: Pursuing True Fulfillment Beyond Society's Expectations

85. Uncompromised: The Surprising Power of Integrity in a Corrupt World

86. Unacknowledged: How Negative Emotions Affect Your Mental Health?

87. Unapologetic: Taking Control of Your Mind for a Happier and Healthier Life

88. Unbreakable: Turning Hardship into Opportunity

89. Uncommon: Transcending the Lies of the Mental Health Industry

90. Unlocked: How to Get Answers from Your Subconscious Mind and Control Your Life

91. Why do good people suffer? Uncovering the Hidden Dynamics of Human Nature

92. Your Full Potential: How to Overcome Fear and Solve Any Problem

93. Your Soul Purpose: Reincarnation and the Spectrum of Consciousness in Human Evolution

Σχετικά με τον εκδότη

Το βιβλίο αυτό εκδόθηκε από την 22 Lions Publishing.

www.22Lions.com